Para escribir hay que leer

Vanni Santoni

Para escribir hay que leer

Traducción
de Marilena De Chiara

Galaxia Gutenberg

Título de la edición original: *La scrittura non si insegna*
Traducción del italiano: Marilena De Chiara

Publicado por
Galaxia Gutenberg, S.L.
Av. Diagonal, 361, 2.º 1.ª
08037-Barcelona
info@galaxiagutenberg.com
www.galaxiagutenberg.com

Primera edición: septiembre de 2021

Preimpresión: gama, sl
Impresión y encuadernación: Romanyà-Valls
Pl. Verdaguer, 1 Capellades-Barcelona
Depósito legal: B 8502-2021
ISBN: 978-84-18807-08-4

–Si un joven de 15 años viniera a verle y le dijera: «Quiero ser escritor, aconséjeme qué debo hacer», ¿qué le diría?

–A semejanza de los maestros Zen, trataría de romperle una silla en la cabeza. Es posible que el joven comprendiera lo que hay detrás del silletazo; si a pesar de todo, mi respuesta no le resultase lo bastante clara, le diría que el solo hecho de buscar consejos ajenos en materia literaria prueba su falta de verdadera vocación.

JULIO CORTÁZAR,
entrevistado por Mario Vargas Llosa

(*Expreso*, Lima, 7 de febrero de 1965)

Introducción

En el primer borrador de este libro, la introducción narraba una breve historia. La de una revista autoeditada, cuyos miembros se volvían todos escritoras y escritores, menos uno, el que había decidido matricularse en una gran escuela de escritura creativa. Él, en cambio, se convertía en profesor de escritura creativa.

Aunque parezca una parábola, se trata de una historia real. Es sabido que «escribir es reescribir» –y aún más, borrar–, de modo que decidí eliminarla de la versión final, porque su irónico valor didáctico permanece incluso en este breve resumen y, también, porque se habría prestado a malentendidos. Si bien en este panfleto se argumenta que sólo se puede enseñar a pensar como un escritor –y no a escribir como tal–, empezar con una historia así podía, además, alimentar un mito que ha sido más potente que cualquier presunción relativa a la enseñanza de la «escritura creativa» para la multiplicación de legiones de aspirantes a escritor frustrados: el mito del escritor solitario y genial, que lucha con todas sus fuerzas contra una industria editorial sorda y corrupta que intenta obstaculizarlo a toda costa.

Desde el Romanticismo la propia idea de escritura se ha vinculado a una imagen –precisamente– romántica de la figura del autor, alimentada en los siglos siguientes por otros mitos incluso más radicales: una idea del todo incompatible con la de aprender el oficio en clase y por medio de módulos didácticos.

De aquella semilla y de aquellos mitos procede la idea de la escritura literaria como algo que no se puede enseñar. Cuando, hace treinta años, las primeras escuelas de escritura creativa empezaron a brotar en Italia –si queremos, como consecuencia de aquella «política de los principiantes» impulsada por Italo Calvino y, sobre todo, por Pier Vittorio Tondelli– algunos de los autores y críticos italianos más importantes de la época, se expresaban en estos términos, acerca de la cuestión:

> Las normas se enseñan, pero la escritura [literaria] nace precisamente de la transgresión de estas normas. [...] El estilo nace de la exclusión. Y sólo la

personalidad individual puede otorgarse a sí misma el impulso propio del verdadero escritor.

GIOVANNI RABONI

Enseñar a escribir: ¿qué quiere decir? Es la traducción del *creative writing* norteamericano, y es una idea absolutamente equivocada. ¿Qué quieres aprender? Es mucho más importante leer diez, cien, mil libros, en fin, toda la literatura; y si uno no aprende así, significa que no es lo suyo, que nunca será escritor.

MARIO SOLDATI

Yo no creo [en la enseñanza de la escritura literaria]. [...] Así como no creo que se pueda enseñar a un adulto a crear. [...] Por supuesto, si tienes un manuscrito delante, puedes dar tu opinión, observar: esto me parece demasiado largo, esto otro, demasiado denso. Pero eso no es enseñar, sino simplemente dar consejos.

NATALIA GINZBURG

Estas escuelas las detesto, las detesto todas. [...] Creo que para defender el poco sentido que aún le queda a la escritura es necesario separarla al máximo de la idea de que se trata de un oficio.

FRANCO CORDELLI

> No, no creo en ello. Escribir es una artesanía que no conoce maestros, al menos de un modo ponderable [...] Hay una carta bellísima que Chéjov le escribe a Gorkij: le explica cómo evocar el claror de la luna, tal vez a través de unos fragmentos de cristal que se reflejan en un muro. La lección es perfecta, pero claramente a Gorkij, que tenía una idea completamente distinta de literatura, no le sirvió para nada.
>
> ENZO SICILIANO

> Dudo de su utilidad y me pregunto si no sería preferible transformarlas todas en escuelas de lectura. Lo que falta son lectores: escritores ya hay demasiados.
>
> LUIGI MALERBA[1]

Se trata de diversos ejemplos de una misma actitud defensiva que, aunque contenga diversas verdades, hoy resulta prejuiciosa (y no poco). Parece responder a la voluntad de preservar un aura bajo amenaza. Los únicos que tenían una opinión distinta fueron Fruttero y Lucentini, quienes ya en

1. Testimonios recogidos por Marco Vallora, «Qualche agnostico fra tanti scettici» [Algún agnóstico entre tantos escépticos], *La Repubblica*, 22 de julio de 1989.

1985 habían sostenido que la enseñanza de la escritura «crecería exponencialmente y se convertiría en materia de formación». Y en efecto, así ha ocurrido. Basta para comprobarlo el número de escuelas y, si queremos, también la calidad de los cuerpos docentes, que incluyen a muchos de los mejores escritores y escritoras (es la confirmación de que ciertos prejuicios ya se han debilitado).[2]

Desde Estados Unidos –donde la enseñanza de la escritura creativa se ha sistematizado tanto que hoy casi todos los escritores salen de los MFA, MA y BA en *Creative Writing* (donde también enseñan casi todos los autores reconocidos)–[3] llega una señal: la lengua se ha uniformado, las excepciones han desaparecido y la primera línea de la novela ha vuelto a Europa. Tal vez sea porque todo vuelve y también por la presión por publicar (y, en aquellos lares, por encontrar un agente),

2. O que trabajando para los periódicos ya no se gana como antes, claro.
3. El primer *Master of Fine Arts in Creative Writing* fue creado por la Universidad de Iowa en 1936. En 1994, ya había 64 programas. Veinte años después, 229, más 159 Bachelor of Arts (BA).

que se da valor a textos parecidos a los ya existentes; pero lo cierto es que la época de los titanes, de los Roth y Bellow y Morrison, de los DeLillo y Pynchon y McCarthy, se acabó, aunque se haya multiplicado exponencialmente la cantidad de principiantes «con formación de escritores».

En efecto, yo mismo, aunque imparta varios cursos, considero que no se puede enseñar a escribir. El motivo es uno, simple y definitivo: la vastedad infinita de las posibilidades de un texto narrativo implica que, asimismo, existan infinidad de cosas que se pueden escribir de infinitas formas.

En consecuencia, como insinuaba veladamente Siciliano en su crítica, cada texto necesita encontrar sus propias estrategias. Y sólo entonces, poco a poco, valdrá la pena explicar cómo escribir la primera frase de un texto, cómo perfilar un personaje, cómo plasmar un buen diálogo y estructurar una escena, incluso cómo vertebrar un arco narrativo (¿cuántas malas novelas de fantasía han brotado de *El viaje del escritor*?).[4] El per-

4. Conocido ensayo de narratología del guionista Christopher Vogler, escrito a partir de *El héroe de las mil caras*, de Joseph Campbell.

sonaje dibujado de la manera (a) no es necesariamente apropiado para la novela (b); el íncipit formulado según la modalidad (x) no es necesariamente adecuado para la novela (y), y para esta última no funcionan el arco narrativo (k) o la estructura (n). Y si esto es cierto, se entiende que hay que huir cuando hablamos de deuteragonistas, secuencias, puntos de vista narrativos, fábula y trama, parataxis e hipotaxis. No porque no sean cuestiones interesantes –es más, son decisivas si hay que analizar un texto *a posteriori*–, sino porque este tipo de nociones no te convertirá en un escritor, a menos que las aprendas directamente leyendo.

William Faulkner, que no era para nada naíf –si se tiene en cuenta la cantidad de *técnica* que utilizaba en sus novelas, tanto a nivel estilístico como estructural– decía que «si un escritor está interesado en las "técnicas" debería dedicarse a la cirugía o a la construcción. No existen métodos mecánicos para escribir una novela, y no existen atajos. Un joven escritor que piense que es posible seguir una teoría es un imbécil».

Lo sano, cuando se empieza, es ser enemigo de toda teoría, y sobre todo de quien se adjudica la pretensión de transmitirla: ¿qué serían las artes si no existiera, periódicamente, alguien que intenta transgredir las normas, romper los paradigmas, ridiculizar las academias?

Sin embargo, en los últimos años, he enseñado escritura creativa: he sido profesor invitado, he impartido cursos propios, hasta soy miembro del claustro de una escuela, bueno, de dos. ¡Has traicionado tus ideales de juventud!, gritará alguien, siempre y cuando haya alguien que todavía crea en los ideales, en la juventud y hasta en la literatura. Le contestaré contándole lo que pensé la noche antes de impartir mi primer curso de escritura, mientras miraba el techo de una habitación de hotel, invisible por la oscuridad. Pensé –con un punto de vanidad juvenil, ya que como escritor estaba muy verde, con apenas dos libritos publicados– que no se puede enseñar a escribir, pero que tal vez se puede enseñar a pensar como un escritor.

Llegado a este punto, y tras haber desarrollado esta intuición durante años, ya no creo que las escuelas o los cursos sean dañinos y tampoco que arreglártelas por tu cuenta sea el único camino correcto. Tiendo a pensar lo contrario: fundar una revista autoeditada no te convertirá necesariamente en un escritor, pero si tienes la fuerza para inventarte una revista, convocar a gente para que se una a tu proyecto, escribir y discutir los textos en grupo, imprimir la revista e intentar promocionarla entre la gélida indiferencia del mundo a tu alrededor, entonces, probablemente, también tengas la fuerza para convertirte en escritor. Ninguna escuela, pues, le impedirá a quien está destinando a ser escritor que se convierta en uno y, del mismo modo, no convertirá a un no-escritor en escritor. Lo que quizás podrá hacer es reducir los tiempos, según cómo sea la persona en cuestión. Pero sigo creyendo que no habría que enseñar técnica, considero que hacerlo no es útil. Cada novela, cada cuento, cada texto de prosa o de poesía precisan la lengua, forma y estructura exclusivas que le corresponden y, por tanto, enseñar a componer un íncipit o a perfilar un personaje no resulta útil. No será malo, pero tampoco útil.

Esto no significa que un curso –o un manual– de escritura no puedan tener cierta utilidad, pero, recurriendo a una metáfora alimenticia, actúan como una suerte de complementos, porque a escribir se aprende sólo leyendo, y escribiendo. Y así, hablando de alimentos, llegamos al primer punto.

I

Dieta

En una ocasión, contestando la pregunta de una periodista que me pedía consejos para aspirantes a escritores, dije: «Leer, leer, leer». En cuanto la entrevista se publicó online, un hombrecito comentó la escasa originalidad de la sugerencia. Pero el sentido común –no digo la sabiduría– es sencillo por definición, por eso a veces puede ser banal. La cuestión, de hecho, no son los preceptos, sino su aplicación.

La verdad –que me atrevo a definir como tal, basándome en la observación de incontables alumnos– es que un porcentaje alto, muy alto, de los que quieren escribir no ha leído y no lee lo suficiente. En líneas generales, y a juzgar por quienes se matriculan en escuelas o cursos de escritura –personas, pues, dispuestas a gastar dinero para nutrir su ambición–, sólo uno de cada veinte ha leído lo suficiente. Por tanto, el 95% ya está en el camino equivocado. ¿Qué quiere decir «suficiente»? ¿No sería mejor decir «suficientes libros buenos», para evitar la primacía absurda de la cantidad sobre la calidad? ¿Y cuáles son los «libros buenos»?

En la primera clase de un curso, suelo empezar explicando los principios de la «dieta», es decir, con una lista de lecturas. Se abre así:

En busca del tiempo perdido, de Marcel Proust
Ulises, de James Joyce

Entonces los estudiantes –generalmente no más del 10% ha leído una de las dos novelas– se miran entre ellos, pensando que se trata de una provocación. Pero no es tal, les explico, pues que para cualquiera que aspire a convertirse en novelista, conocer las que aún se consideran las cumbres del arte novelesco es realmente lo mínimo, aunque no se tenga ninguna intención de seguir las huellas de Proust o de Joyce.

Y no acaba aquí. En general, la lista que propongo, desatendiendo a los que se esperan un lógico paso atrás y una batería de clásicos de la novela del siglo XVIII, continúa así:

2666, de Roberto Bolaño
Submundo, de Don DeLillo

Europa central, de William T. Vollmann
Cegador, 1, 2 y 3, de Mircea Cărtărescu
La broma infinita, de David Foster Wallace
Austerlitz, de W. G. Sebald

Está claro que, ante semejante lista (*2666*, 1128 páginas; *Submundo*, 904 páginas; *Europa central*, 864 páginas; *Cegador*, 960 páginas, los primeros dos volúmenes editados en español; *La broma infinita*, 1216 páginas; y con sólo *Austerlitz* de dimensiones razonables, 304 páginas), se consolida la sospecha de que se trata de una provocación. Incluso hay quien piensa directamente que el profesor les está vacilando.[5]

Nada más falso, a menos que se interprete el término *provocación* en sentido literal. La lista que propongo a quien quiere escribir, y tal vez quiera conseguirlo en un razonable plazo de tiempo, intenta de hecho provocar una reacción, una agitación, una sensación de desafío, una conciencia repentina de las posibilidades vertiginosas de la novela. Entregarle estos libros como alimento a un aspirante a escritor no sólo es útil porque cons-

5. Por no mencionar otras críticas posibles: xenofilia, *presentismo*, misoginia...

tituyen el estado del arte[6] contemporáneo de la forma de la novela, sino también porque son enormes y –si queremos– imperfectos. Y por eso están llenos de puertas de acceso y de presagios de infinitas sugestiones.

Se trata de una selección construida a través de la experiencia: si no «de manera darwiniana», al menos por ensayo y error. El aspirante a escritor debe cambiar, ante todo, su modo de aproximarse a la lectura. Si un recién nacido tiene que recibir un par de cachetes en el culo (o, en tiempos modernos, unos golpecitos en la espalda) para que se le abran los pulmones, de modo similar estas macronovelas serán las primeras bofetadas en el culo del aspirante a escritor. Bofetadas llenas de estímulos. Por eso no propongo la lectura de los cuentos de Kafka o de las *Iluminaciones* de Rimbaud, aunque estén –por razones distintas y opuestas– entre los textos en prosa que más aprecio.

6. Entendiendo, ya se habrá deducido, como «estado del arte» lo que más territorios nuevos extrajo de lo que no existía, y no lo que alcanzó la perfección llevando a la plena madurez lo que ya existía. Para ser más preciso: lo que más territorios nuevos extrajo de lo que no existía sin valerse del puro genio –de otra forma, tendríamos que leer a Rimbaud y a Kafka y luego dejar de escribir, visto que no sólo es imposible competir con ellos, sino incluso comprenderlos.

Porque enseñan menos y exponen al riesgo de generar frustración. Demasiado genio, demasiada calidad concentrada. Mejor, siempre mejor, la novela-mundo: garantizará una adecuada apertura de los alvéolos pulmonares también para quien no se plantea escribir novelas-mundo.[7]

A veces, llegados a este punto (aunque no hayamos visto, en verdad, ni una quinta parte de la lista), se descubre que ninguno de los matriculados en el curso ha leído los libros anteriormente citados. En otras ocasiones me da tiempo de mencionar también el quinto y el sexto, que son *Pastoral americana*, de Roth, y *Meridiano de sangre*, de McCarthy, y entonces salimos un poco mejor parados. Asombrado en cada primera clase, pregunto si alguien ha leído a Tolstói y a Dostoyevski. Me va mejor que con Joyce y Proust, pero nunca contesta más de la mitad de los alumnos.

7. Se sabe que meditando durante unos 15 años en una caverna se puede alcanzar una experiencia mística, pero también se sabe que la misma experiencia se puede experimentar tragando las moléculas justas. Dedicarte de manera exclusiva e intensiva a estos libros con potencial elevado será tu forma de traspasar lo más rápidamente posible las puertas de la percepción de la escritura literaria.

Y así acaban en la lista también *Ana Karénina*, *Guerra y paz*, *Los hermanos Karamázov* y *Los demonios*. ¿Y Dickens tampoco? «¡Señora, lea a Dickens!», decía Zweig. Por tanto, sí, pongamos también un Dickens. Entre sus novelas siento un afecto especial por *Oliver Twist*, pero van bien todas, Dickens es sencillo pero profundo y de él siempre se aprende.[8]

A veces ocurre que hay un estudiante preparado, el famoso «uno entre veinte», que ya ha leído casi todos los libros que he mencionado. Entonces propongo:

El arco iris de la gravedad, de Thomas Pynchon[9]

8. Y en particular es útil para todos aquellos que, convencidos de una tal vez reconocible supremacía del estilo sobre los hechos, luego no son capaces de gestionar el más mínimo golpe de efecto o de introducir a un personaje de manera decente.
9. Cariñosamente definido por una alumna mía como «el monstruo final», utilizando una expresión propia de los videojuegos. Y sí, mejor reservarlo para el final. Leerlo en serio requiere diversos meses de trabajo y, de momento, no te será tan útil como el resto. Cuando hayas terminado con los demás, atrévete. Es un cofre lleno de tesoros, pero hay que extraerlos con mucho esfuerzo (y a veces también con un poco de dolor, por ejemplo, cuando te des cuenta que no has entendido nada de lo que ocurre en las últimas, densísimas, treinta páginas y tengas que volver a leerlas).

... porque también a él habrá que mantenerlo ocupado. Luego paso a Faulkner. En Italia, Faulkner siempre se ha leído –y se sigue leyendo– poco, muy poco, y no está bien, porque en su obra se concretan dispositivos estructurales que se han vuelto indispensables en la novela contemporánea.[10] A la lista, pues, *Mientras agonizo* y *El ruido y la furia*. En este orden, porque el primero se digiere mejor.

En general, llegados a este momento, siempre aparece el listillo que pregunta por qué no hay novelas italianas en la lista, si es cierto que me estoy dirigiendo a un grupo destinado a escribir en italiano. La cuestión –sin ánimo de molestar a la *Weltliteratur*– es que para afinar el estilo ya habrá tiempo: lo que es urgente es abrir la mente a las posibilidades reales de la narrativa y llenarla de alicientes, y para hacerlo estas novelas han demostrado ser más adecuadas que sus homólogas italianas. Pero cuando llega esa pregunta, para

10. Leer a Faulkner está entre las tareas más útiles que un aspirante a escritor pueda hacer porque, si el estilo «pasa» por ósmosis leyendo a cualquier autor que tenga un buen estilo, es más difícil que lo haga la estructura. Faulkner, sublime maestro de la estructura, puede transmitir algo en este sentido de forma más inmediata que otros autores. Por eso es tan valioso.

evitar polémicas, enseguida añado otros dos libros: *Kaputt* y *La piel*, ambos de Curzio Malaparte.[11]

Inevitablemente, sigue el «¿Por qué no hay mujeres?». Bien, expliqué la primera vez, hay menos escritoras porque las mujeres durante mucho tiempo no pudieron escribir libros y por eso aparecen menos en el canon, casi proporcionalmente[12] a su tardío acceso al oficio. Luego entendí que no era una justificación suficiente, porque el canon es también un hecho político, y si yo había confeccionado una lista con ciertas características, quería decir que también mi mirada estaba condicionada por la parcialidad. Desde entonces, nunca dejo de incluir *Middlemarch*, de George Eliot (Mary Anne Evans), *Al faro*, de Virginia Woolf, y en representación de la novela contemporánea, *El tiempo es un canalla*, de Jennifer Egan.[13]

11. ¿Por qué estos dos libros? Porque son los que más conectan con el resto de la lista y con sus objetivos.
12. Ya que la parcialidad sexista condicionó a la baja la consideración de las autoras con respecto a los autores. Y sigue haciéndolo.
13. Novela, además, excelente para asimilar el potencial narrativo de los más diversos elementos no textuales.

¿Y Jane Austen no?

Claro, claro que sí. *Orgullo y prejuicio* y también *Emma*, que es ligero y puede ser útil para recuperar el aliento entre un ladrillo y el otro y aprender, mientras tanto, a jugar con el carácter de los personajes.

¿Y los cuentos?, pregunta quien quiere escribir relatos o quien hasta ahora sólo se ha medido con ese género.

Los cuentos, sí, sobre todo si quieres escribir cuentos. Es más, hay algunos que son indispensables también para quien quiere escribir solamente novelas. Chéjov. ¡Salinger!

¿Y Alice Munro no?

Claro, Munro sí. Y Barthelme, apuesto que aquí nadie lo ha leído. ¿En serio? ¿De verdad hay alguien en esta habitación que aún no ha leído a Borges? Vaya por dios, dos o tres los hay cada vez. Añadamos...

Y así sale una primera lista, parecida a ésta:
En busca del tiempo perdido, de Marcel Proust
Ulises, de James Joyce

2666, de Roberto Bolaño
Submundo, de Don DeLillo
Europa central, de William T. Vollmann
Cegador, 1, 2 y 3, de Mircea Cărtărescu
La broma infinita, de David Foster Wallace
Austerlitz, de W. G. Sebald
Pastoral americana, de Philip Roth
Meridiano de sangre, de Corman McCarthy
El tiempo es un canalla, de Jennifer Egan
Ana Karénina, de Lev Tolstói
Guerra y paz, de Lev Tolstói
Los hermanos Karamázov, de Fiódor Dostoyevski
Los demonios, de Fiódor Dostoyevski
Oliver Twist, de Charles Dickens
El arco iris de la gravedad, de Thomas Pynchon
Mientras agonizo, de William Faulkner
El ruido y la furia, de William Faulkner
Middlemarch, de George Eliot
Orgullo y prejuicio, de Jane Austen
Emma, de Jane Austen
Cuentos completos, de Anton Chéjov
Nueve cuentos, de J. D. Salinger
Cuentos completos, de Alice Munro
Cuentos completos, de Donald Barthelme
Ficciones, de Jorge Luis Borges
El Aleph, de Jorge Luis Borges

Podríamos ser inflexibles y decir que, si uno no ha leído *al menos* estos libros, ¿cómo se le ocurre querer escribir una novela? En efecto, hace unas décadas, este mismo panfleto que ahora tienes en tus manos no habría sido necesario o, en cualquier caso, no habría empezado con la «Dieta», porque parece que antaño –quién sabe, quizás también se trate de una leyenda– a nadie se le ocurría escribir una novela sin haber leído antes todo lo que era necesario para imaginarse legitimado para hacerlo. Está claro que hoy ya no es así, todo el mundo quiere escribir[14] y nos encontramos –es mi experiencia y la de cualquiera que haya impartido un curso de escritura– ante la ta-

14. Hoy, hoy... ¿Será verdad? Escribía Buzzati, hace más de ochenta años: «Se puede calcular que cada día en Italia nace un nuevo escritor, cuando no nacen dos o tres. Centenares de personas, de las categorías sociales más diversas, están ahora, en este mismo momento, pensando intensamente en la obra maestra que tendrá que abrirles los caminos de la gloria. Ninguna preocupación, como la del aspirante a literato, es tan aguda, insistente, incurable. Con una fe ciega en la obra propia, el autor tiene la impresión de que multitudes sedientas están esperando su novela y que a esta revelación se opone, por motivos misteriosos, la ignorancia de los editores, que ni siquiera son conscientes de lo que más les conviene. Ay, si los escritores, antes de enviárselos a los editores, encerraran sus manuscritos en un cajón y los volvieran a leer

rea de tener que poner en condiciones de escribir una novela a personas que no tienen la formación adecuada ni el tiempo de adquirirla según los mecanismos tradicionales. Por eso –admitiendo que el objetivo es no perderlos por el camino, dado que entre ellos podría ocultarse una gran escritora o un gran escritor– es necesario una especie de «curso exprés» de lectura. Después del atracón, y cuando se haya madurado un poco en la escritura, habrá una fase sucesiva en la cual el aspirante aprenderá a construir solo sus futuros recorridos de lectura, a leer o a releer, según corresponda, los libros que más le sirvan para lo que esté escribiendo,[15] pero no es algo que pueda enseñarse: se trata de una sensibilidad que se adquiere leyendo –y

---

después de cuatro o cinco meses. Cuántas decepciones ahorradas, cuántos libros inútiles y malos menos habría en las estanterías». *La lettura* (6), 1 de junio de 1937.

Y escribía Leopardi hace casi doscientos años: «Ya se puede decir con verdad, sobre todo en Italia, que hay más escritores que lectores (ya que la gran mayoría de los escritores no lee, o lee menos de lo que escribe). Por tanto, ya se ve qué gloria se puede esperar de la literatura. En Italia se puede decir que quien lee, lo hace para escribir, pues sólo piensa en sí mismo». *Zibaldone*, Pisa, 5 de febrero de 1828.

15. Y esta, por supuesto, es una cuestión muy distinta de la investigación.

escribiendo. Mientras tanto, pues, es oportuno empezar–.

Lo primero que hay que cuidar, si se quiere escribir en serio, es la dieta. Sólo nutriéndose de buenos libros se puede pensar en producir uno decoroso. Es más: siendo el campo literario tan desaforado, se puede pensar en conseguirlo sólo si uno se alimenta de *lo mejor*.

Y entonces, ¿por qué no –qué sé yo– *El extranjero*, de Camus?

Por las mismas razones por las que no asigno la lectura de Kafka y Rimbaud: *El extranjero* es una novela perfecta, un pequeño diamante que se puede admirar, pero cuya lectura no genera aprendizaje inmediato.[16] Yo mismo, entre los libros de DeLillo, prefiero *Cosmópolis*, y aún más *Body Art*, a *Submundo*.[17] Pero para un aspirante a escritor es

16. Teoría que no vale para los cuentos, que *no pueden permitirse* imperfecciones y aperturas.

17. Lo explica muy bien Rodrigo Fresán en *La parte inventada*, hablando de Fitzgerald: «*The Great Gatsby* no tiene nada que enseñarte. Lo único que tiene *The Great Gatsby* para enseñarte es que ni en toda tu vida ni en ninguna de todas las reencarnaciones que te queden vas a escribir una novela tan perfecta como *The Great Gatsby*. Pero que sí se pue-

mucho más útil *Submundo*, como lo son *2666*, *La broma infinita*, *Cegador* o *Europa central*.[18]

Como he dicho, no es una selección según un criterio de calidad o una suma de mis gustos: es la lista de los libros que, en mi experiencia, han demostrado ser más útiles para abrir los pulmones, y la mente, de los aspirantes a escritor.

Objeción: ¿por qué hay en la lista tantos libros contemporáneos?

Tú eres contemporáneo, ¿no? Claro, sería mejor si empezaras por los griegos y los romanos,[19] desarrollaras una buena base medieval y renacen-

---

de aprender, y mucho, de la imperfección, de la victoriosa derrota, de las grietas y asperezas de *Tender is the night*».

18. ¡Cuántos norteamericanos! Cierto. Venimos de una etapa de hegemonía estadounidense en la novela, hay poco que objetar. En el siglo XVIII nosotros, los europeos, en el XX, ellos. No es colonialismo cultural, no: colonialismo cultural es encontrar traducida y en librerías también la mierda norteamericana y no las excelencias búlgaras o coreanas. Y entonces, ya que hablamos de literatura norteamericana, añade a la lista también *Moby Dick,* de Herman Melville, y *Huckelberry Finn*, de Mark Twain, porque –como decía Faulkner– toda la contemporánea brota de esos dos libros.

19. Bueno, ya que lo pides, añade a la lista al menos *Las metamorfosis*, de Ovidio, y un par de tragedias griegas.

tista (sería lo mínimo), recorrieras con atención los siglos siguientes (¿de verdad no has leído *El Adonis*, de Marino?), te detuvieras muy largamente en el siglo XVIII... Pero éste no es un curso de literatura, el objetivo no es transformarte en literato –aunque se espera que te acabes convirtiendo en uno, de todas formas, a tu ritmo, si asumes en serio tu naturaleza de escritor–, sino reconfigurar tu posición de lector y, por tanto, de escritor, deslizándote más rápidamente hacia el frente de onda de la novela.[20]

¿Y si no tengo ganas de leer todo eso?

Amigo mío, si no tienes ganas de leer exactamente una treintena[21] de libros, todos estupendos, es mejor que te plantees otra ambición. O, mejor dicho, otra afición, porque si no quieres leer semejantes obras maestras, quiere decir que la literatura –en verdad– no te interesa.[22]

20. Y tapando, mientras tanto, unos cuantos agujeros.
21. Sí, he considerado *En busca del tiempo perdido* como un único libro y también *Cegador*: pero vale, digamos que son treinta y cinco. No cambia nada.
22. Estas afirmaciones merecen sin embargo una aclaración: no hay que acabar necesariamente lo que se empieza. Teniendo en cuenta que lo más importante es cambiar la mar-

La dieta, mira lo que te digo, lo es todo. En el momento en que se empieza a escribir en serio, el cambio de dieta es tan esencial como el de quien decidiera, de pronto, convertirse en levantador de pesas o en luchador. En la dieta de un escritor, los manuales equivalen a los complementos alimenticios: pueden ser útiles sólo si ya hay una adecuada base de proteínas. Cuando acabes este capítulo, yo mismo te invito a que dejes de leer este libro hasta que no hayas cambiado tu dieta.

Me he encontrado con estudiantes que habían leído *Sobre la escritura*, de Stephen King, pero no habían leído *It*. Ponlo en la lista. Pero no tomes esta mención a King como una autorización para leer narrativa comercial. King es una de las excepciones, no la norma, uno de los raros autores que han trascendido la narrativa comercial, aunque sigan vendiendo mucho. Y por ahora, aquí no po-

---

cha en la lectura, si *Los hermanos Karamázov* te aburre, déjalo y pasa a otro libro. No todos los libros están hechos para todos los lectores, y no todos los libros están hechos para cualquier momento. Recuerdo bien que cuando tenía unos veinte años, periodo en que me tragaba un clásico tras otro y en que leí y aprecié muchísimo *La montaña mágica*, dejé de leer *Los Buddenbrook*, porque me parecía insoportable. Lo leí entero sólo hace un par de años y entonces se convirtió en uno de mis libros favoritos.

demos permitirnos excepciones, porque en esta fase de tu génesis como escritora o como escritor, la literatura comercial traducida[23] es el *fast food*, las patatas fritas con tocino, el aceite de palma, en fin, tu principal enemigo. Sí, *incluso* si tu objetivo es escribir literatura comercial. No hay nada malo en querer hacerlo, y sabemos bien que de las revistas pulp y de los géneros más pasados de moda emergieron gigantes como Dick y Lovecraft. Pero tú probablemente no eres Dick y tampoco Lovecraft, por tanto: agacha la cabeza y sigue a rajatabla la dieta.

¿Y si esos autores con estilos tan fuertes me acaban condicionando?

Nunca hay que temer la influencia. Es normal que, al leer a algún autor que expanda particularmente tu conciencia, escribas durante un tiempo como él o ella. Es normal y también sano. Basta con seguir leyendo y enamorarse de nuevo, y dejarse influir de nuevo, hasta que de todos esos cruces nazca tu propia voz.

23. También la nuestra, eh.

Ya, pero yo quiero escribir fantasía, pongamos por caso, ¿en qué me ayuda Bolaño?

Bien, dando por sentado que a Tolstói tienes que leerlo igualmente,[24] aquí va una lista para ti: ¿qué te parece?

Edda menor, de Snorri Sturluson
Beowulf
Orlando furioso, de Ludovico Ariosto
Titus Groan, de Mervyn Peake
La nube púrpura, de Matthew P. Shiel
Cuentos completos, de H. P. Lovecraft
Cuentos completos, de Edgar Allan Poe
Cuentos (del ciclo de Conan), de Robert E. Howard
El Hobbit, de J.R.R. Tolkien
El Señor de los anillos, de J.R.R. Tolkien
El Simarillion, de J.R.R. Tolkien
Lanark. Una vida en cuatro libros, de Alasdair Gray

24. Es más, tienes que leer igualmente todos los libros de la lista y esta que sigue guardarla para más adelante. No lo digo yo, sino Michael Moorcock, el autor de *Elric de Melniboné*, una saga de elfos oscuros con espadas chupa-almas, fuera de toda sospecha: «Cuando un joven autor me dice que quiere escribir fantasía o ciencia ficción le digo que, ante todo, tiene que dejar de leer fantasía o ciencia ficción y empezar a leer todo lo demás».

Olvidado rey Gudú, de Ana María Matute
Nuestros antepasados (trilogía), de Italo Calvino
Dune, de Frank Herbert
Ubik, de Philip K. Dick
Los cantos de Hyperion, de Dan Simmons
La materia oscura (trilogía), de Philip Pullmann
Sandman, de Neil Gailman
Ciclo de las fundaciones, de Isaac Asimov

¡Pero Asimov escribe ciencia ficción!

También Herbert, Dick y Simmons. Y *Sandman* es un cómic. Igualmente tienes que leerlos. ¿No te apetece? Pues tendrás que leer *también* a Ursula K. Le Guin. No, nada de *Terramar*. Lee toda la serie de *Ekumen*. Es urgente.[25]

Tal vez aparto la idea de escribir novelas de fantasía. ¿Sabes qué? Quiero escribir una distopía. Se venden mucho en estos tiempos...

Ah, muy bien. Empecemos por el fundador.

25. No, *Harry Potter* no está en la lista, porque al menos éste ya lo has leído. ¿Cómo? ¿Hay alguien al fondo del aula que ha dicho «no leo libros para niños»? Que compre enseguida el primer volumen: descubrirá que allí también hay algo que aprender.

¿Cómo? ¿*1984*? No, querido. ¿*Un mundo feliz*? Buen intento, pero tampoco has acertado. *Nosotros*, de Yevgueni Zamiatin. ¿No lo has oído mencionar nunca? ¿Y quieres escribir una distopía? Pues toma buena nota:

Nosotros, de Yevgueni Zamiatin
Esto no puede pasar aquí, de Sinclair Lewis
1984, de George Orwell
Un mundo feliz, de Aldous Huxley
Fahrenheit 451, de Ray Bradbury
El cuento de la criada, de Margaret Atwood
El fugitivo, de Richard Bachman (es decir, Stephen King)
Ready Player One, de Ernest Cline

... para empezar. Luego hay aproximaciones más recientes al género por parte de autores más «literarios», por tanto, al menos:

Nunca me abandones, de Kazuo Ishiguro
El círculo, de Dave Eggers
El día del oprichnik, de Vladímir Sorokin
El ferrocarril subterráneo, de Colson Whitehead

Y de momento te ahorro *Cumbres abismales*, de Aleksandr Zinóviev. Ah, cierto, teniendo en cuenta que el género distópico es pariente del apocalíptico, al menos una ojeada a:

Soy leyenda, de Richard Matheson
La carretera, de Cormac McCarthy
Terminus radieux, de Antoine Volodine

Porque daño no te hará. Pero, de nuevo, antes de enfrentarte a un canon[26] mínimo del género en el que quieres experimentar, ábrete los pulmones con la primera lista, serán todo ventajas.

26. El juego puede continuar: quien quisiera escribir novela negra no puede evitar leer, qué sé yo, *Los crímenes de la calle Morgue* (Poe), *Estudio en rojo* (Doyle), *Crimen y castigo* (Dostoyevski), *El sombrero del cura* (De Marchi), *El misterioso caso de Styles* (Christie), *Muerte en la vicaría* (Christie), *El zafarrancho aquel de via Merulana* (Gadda), *El perro canelo* (Simenon), *Maigret tiende una trampa* (Simenon), *La mujer del domingo* (Fruttero y Lucentini), *A che punto è la notte* (Fruttero y Lucentini), *El halcón maltés* (Hammet), *La llave de cristal* (Hammet), *El sueño eterno* (Chandler), *Adiós, muñeca* (Chandler), *Champagne for one* (Stout), *La dalia negra* (Ellroy), *El caso de la novia curiosa* (Gardner), *La señorita Smila y su especial percepción de la nieve* (Høeg), *Total Khéops* (Izzo). Quien esté pensando en un proyecto de no-ficción leerá a Joan Didion, Hunter S. Thompson, Tom Wolfe, etcétera, etcétera.

Ya debe de haber quedado claro que hablo medio en broma medio en serio, pero también se habrá entendido que la literatura es esfuerzo. Si quieres escribir novelas «de género» eres afortunado: una vez conquistadas las bases, te confrontarás con un canon más restringido. ¿Cómo? ¿Te has asustado con la primera lista de clásicos y contemporáneos? Bien, aquí tienes otra distinta y, fíjate, incluso más clásica:

Jacques el fatalista y su maestro, de Denis Diderot
Don Quijote, de Miguel de Cervantes
Gargantúa y Pantagruel, de Rabelais
Vida y opiniones del caballero Tristam Shandy, de Laurence Sterne
Niels Lyhne, de Jens Peter Jacobsen
La montaña mágica, de Thomas Mann
Los miserables, de Victor Hugo
Las almas muertas, de Nikolai Gógol
Los Virreyes, de Federico De Roberto
A contrapelo, de Joris-Karl Huysmans
Los monederos falsos, de André Gide
El pabellón de oro, de Yukio Mishima
El maestro y Margarita, de Mijaíl Bulgákov
Lolita, de Vladímir Nabókov
Las uvas de la ira, de John Steinbeck
A sangre fría, de Truman Capote

Hambre, de Knut Hamsun
En busca del tiempo perdido, de Marcel Proust (éste, lo siento, se queda)
Trópico del cáncer, de Henry Miller
El almuerzo desnudo, de William Burroughs
La campana de cristal, de Sylvia Plath
Rayuela, de Julio Cortázar
Opus nigrum, de Marguerite Yourcenar
Beloved, de Toni Morrison
Tango satánico, de László Krasznahorkai
Extinción, de Thomas Bernhard
Las partículas elementales, de Michel Houellebecq
Los detectives salvajes, de Roberto Bolaño
Las benévolas, de Jonathan Littell
Física de la tristeza, de Gueorgui Gospodinov

Y ya está bien. Tal vez esta lista no tenga el mismo potencial didáctico de la primera, pero en ella también se incluyen solamente obras maestras, hay una buena mezcla de obras clásicas y contemporáneas, llenas de posibilidades y sumergirse en ellas requiere tiempo.[27] Hay un par de li-

27. Pregunta que siempre aparece durante mis cursos: «¿Por qué no incluyes el *Libro del desasosiego* de Fernando Pessoa? He leído en entrevistas que es uno de tus favoritos».

bros más, pero la suma de páginas es inferior. Podríamos confeccionar una tercera, una cuarta y una quinta lista;[28] podríamos compilar infinitas listas, en infinitas combinaciones, una Biblioteca de Babel de listas, dado que la literatura en su conjunto es un campo tan amplio que es imposible esbozar un canon o incluso una lista ideal,[29]

Respuesta: porque es un libro de fragmentos y aquí estamos intentando formar a un novelista (o a un cuentista), pero igualmente ponlo en la lista.

28. Guido Conti, en su excelente libro *Imparare a scrivere con i grandi* [Aprender a escribir con los grandes] (BUR, Milán, 2016), propone la lectura de Bulgákov, Chéjov, Kafka, O' Connor, Dürrenmatt, Carver, London, Pushkin, Maupassant, Andersen, Hašek, Twain, Gógol, Baudelaire, los hermanos Grimm, Chesterton, Poe, Lovecraft, Hugo –y funciona muy bien.

29. Por ejemplo, el crítico Harold Bloom circunscribe el canon occidental esencial a estos autores: Shakespeare, Dante, Chaucer, Cervantes, Montaigne, Molière, Milton, Johnson, Goethe, Wordsworth, Austen, Whitman, Dickinson, Dickens, Eliot, Tolstói, Ibsen, Freud, Proust, Joyce, Woolf, Kafka, Borges, Neruda, Pessoa y Beckett –y no han faltado las polémicas por esta selección–. ¿Y quién ha dicho que el canon tenga que ser occidental? Pregúntale a Roberto Calasso (por cierto, lee un libro suyo: yo siento predilección por *La ruina de Kasch*), te dirá que sin los *Vedas* no llegarás muy lejos. Quizás espera para leerlos y detente antes en el *Bhagavat-gita* (la *Biblia*, al menos, ¿la has leído?), pero *La novela de*

sin efectuar exclusiones arbitrarias. Por no hablar del hecho que se podría pensar en otra dieta, con el núcleo calórico compuesto por poesía, o textos filosóficos o teatro –¿Shakespeare? ¿Alguien lo ha leído?

Sólo se trata de listas y la confianza que deposito en ellas procede de la experiencia empírica: los estudiantes que las han masticado y digerido, luego han conseguido resultados excelentes, es decir, han conseguido escribir libros lo suficientemente buenos como para ser publicados.[30] Si las transcribo íntegras, tal como las presento en mis cursos, es porque la experiencia me ha enseñado que lo que le falta a muchos aspirantes, también a los más talentosos, es un punto de partida.

Genji de Murasaki Shikibu y el *Sueño en el pabellón rojo* de Cao Xueqin añádelos a la lista.

30. Si un libro es bastante bueno –y por «bastante bueno» se entiende muy bueno, porque en las artes la excelencia es el estándar–, se publica, a pesar de todos los demás obstáculos y de cualquier consideración adicional (no, el hecho de que al personaje famoso le publiquen libros malos no significa nada, se los publican porque es famoso, no por el contenido del libro). Esto se debe a que, aunque los editores sólo quieran una sola cosa –vender libros– todavía existe una franja específica del mercado, la de los lectores de buena literatura y es a ellos a quienes tienes que conquistar.

Pero la lógica de esta segunda lista con respecto a la primera, puedes comprenderla tú solo. Es el único ejercicio que te asignaré en este libro, y para llegar a una respuesta tienes que leer la mitad de los libros que se incluyen en ambas listas. Los beneficios están garantizados. Por lo demás, no me gustan los ejercicios. No serán los ejercicios los que te enseñarán a escribir. Si quieres escribir, tienes que intentar hacerlo en serio, desde ya. Incluso si al principio no te ves capaz y te salen chapuzas. Esta tarea es una excepción porque, para desarrollarla, necesitas leer unos sesenta libros fundamentales. Aquí no se hacen promesas con mala fe: sólo trabajando durísimo –leyendo primero y escribiendo después– te convertirás en un escritor o en una escritora.

Sí, pero hay quien lo consigue sin esfuerzo.

¿Seguro? Admitiendo que alguien así exista, tendría que ser un genio o un ser muy afortunado; y si te exigiera, como requisito preliminar, que fueras un genio o alguien muy afortunado, éste no sería un panfleto serio.

Esto no significa que mi objetivo sea llevarte a la desesperación, al contrario. Una característica tranquilizadora –para quien la practica– de la literatura, con respecto a las demás artes, es el hecho de que siempre estás a tiempo de escribir una buena novela (bueno, una decente), a condición de que leas bastante. Una vez, durante una conferencia en el Salone del Libro de Turín, alguien me preguntó por qué la revolución sicodélica, que había provocado cambios inmediatos en la música, las artes visuales, el cine y hasta en la ciencia, había tenido tan pocos efectos en la literatura.[31] Era una buena pregunta, y la respuesta probable es que en la literatura, que se basa sobre todo en lo que ha sido escrito *antes*, los rayos noéticos y el pensamiento intuitivo son menos eficaces que en las otras artes. Esto, en consecuencia, significa también que la genialidad, aunque siga siendo útil, no es un requisito imprescindible.

Habrás notado que en las dos listas que he propuesto aparece, además de Marcel Proust, Roberto Bolaño. Podrías pensar que se deba al hecho de que me gusta mucho o que tanto *2666* como *Los detectives salvajes* son obras maestras y «grandes novelas maximalistas» (y, por tanto, adecuadas para abrirte los pulmones y para que ocurra todo lo deseable que acabamos de describir). Y también es cierto. Pero la razón por la que he incluido dos veces a Bolaño, y por la cual lo

31. A excepción de Pynchon, que de todas formas tuvo que pensar en el tema durante diez años.

cito a menudo en mis clases, es otra. Bolaño tranquiliza, y tranquiliza porque es alguien que llegó tarde a las obras maestras y lo hizo sin dar señales particulares de genialidad en su juventud y sin conseguir ventajas prácticas por ello: exiliado, debutó con cuarenta y un años –después de una carrera como poeta, si no mediocre, sencillamente correcta–[32] con una novela que estaba muy lejos

32. Por supuesto, hoy apreciamos también sus poemas, como apreciamos los de un Cărtărescu, que también nació poeta. Pero nuestro interés se debe, sobre todo, a que hemos leído sus novelas y a que los queremos como a dos hermanos mayores. Por eso leemos todo lo que trae su voz y deja traslucir algo de ellos. Sin ánimo de ofender a los infrarrealistas (o visceral-realistas) y respetando el capricho, compartido por el colega rumano, de considerarse poeta antes que novelista, hay que decir que difícilmente Bolaño habría pasado a la historia por sus poemas. Esto podría darme la oportunidad de clavarte también una lista de libros de poesía –utilísimos, una vez hayas cogido confianza con la novela, para enriquecer la potencia de tu lengua–, pero te la ahorro. Me limito, en el desafortunado caso de que también quieras ser poeta, a reproducir una afirmación de Franco Buffoni, uno de los mayores poetas italianos contemporáneos: «¿Quieres escribir poesía? Revisa tu biblioteca. Si hay menos de trescientos libros de poesía en ella, no escribas ni una palabra. Ponte a leer poesía». (Y esto me hace recordar que Pier Vittorio Tondelli, que también había dedicado una parte consistente de sus ener-

de ser una obra maestra (*La senda de los elefantes*, reeditada en 1999 como *Monsieur Pain*), publicada en Italia por la oficina de prensa del Ayuntamiento de Turín, con una nota biográfica en la solapa semejante a la de un autor nacido para ser olvidado.[33] Y luego publicó otros libros decorosos, algunos realmente muy buenos, y finalmente dos obras maestras,[34] una detrás de la

gías al *scouting* y al lanzamiento de nuevos autores, habría dicho que el requisito mínimo para presentarle un manuscrito era haber leído al menos quinientos clásicos. A buen entendedor...)

33. «Roberto Bolaño nació en Santiago de Chile en 1953. Ha trabajado como crítico literario y traductor. Dirigió la revista *Berthe Trepat*. Algunos de sus poemas han sido incluidos en diversas antologías de poesía chilena contemporánea.»

34. En el ámbito de la literatura epigramática y en el –a menudo colindante– de las biografías imaginarias, probablemente habría que considerar como una obra maestra, aunque el mismo Bolaño redujera su valor, también su novela *La literatura nazi en América*, con ese título que versiona *La pesca de la trucha en América*, de Richard Brautigan, y un contenido estrechamente emparentado con *Vidas imaginarias*, de Marcel Schwob, *Historia universal de la infamia*, de Borges, y *La sinagoga de los iconoclastas*, de Rodolfo Wilcock, *Vite di uomini non illustri*, de Giuseppe Pontiggia, *Centuria*, de Giorgio Manganelli, *Crímenes ejemplares*, de Max Aub, y también *Las ciuda-*

otra. Es verdad que murió poco después, pero ya había hecho más de lo que hacen casi todos los escritores. Ahí está, Bolaño tenía una característica que cualquiera puede adquirir, basta con que tenga la voluntad de hacerlo: leía, leía y leía. Y leyendo, leyendo y leyendo, se volvió mejor de todos lo que tenía a su alrededor, de los que él mismo definía como la *horda*. Pensar así tranquiliza y también es útil, a despecho de los Rimbaud que ya nacen buenos. Y hablando de lecturas, ¿ya has entendido que en realidad es mejor si lees la primera *y también* la segunda lista? ¿Sí, verdad? Muy bien.

¿Quién te crees que eres para lanzar listas tan arbitrarias como si fueran verdades reveladas?

De acuerdo, ignora mis listas y acepta la de W. H. Auden, justo tengo aquí una copia:

des invisibles, de Calvino. Por cierto, si te interesa el género, tienes que añadir a la lista también los *Pensamientos*, de Pascal, que era también el libro preferido de Bolaño. Confía en mí, ponlo en la lista incluso si no te interesa el género.

Required Reading

Dante	The Divine Comedy	Modern Library
Aeschylus or Sophocles	The Agamemnon (translated Louis MacNeice) / The Antigone (translated Dudley Fitts or Fitzgerald)	
Horace	Odes	Loeb
Augustine	Confessions	Loeb
Shakespeare	Henry IV, Part 2	
Shakespeare	Othello	
Shakespeare	Hamlet	
Shakespeare	The Tempest	
Ben Jonson	Volpone	
Pascal	Pensées	Everyman
Racine	Phèdre	
Blake	Marriage of Heaven and Hell	
Goethe	Faust, Part I	Everyman
Kierkegaard	Fear and Trembling	
Baudelaire	Journals	Random House
Ibsen	Peer Gynt	Everyman
Dostoevsky	The Brothers Karamazov	Modern Library
Rimbaud	Une Saison en Enfer (tr. Schwartz)	New Directions
Henry Adams	Education of Henry Adams	Modern Library
Melville	Moby Dick	Modern Library
Rilke	Journal of My Other Self	Norton
Kafka	The Castle	Knopf
T. S. Eliot	Family Reunion	Harcourt Brace

Opera Libretti

Orpheus	(Gluck)	Flying Dutchman	(Wagner)
Don Giovanni	(Mozart)	Tristan und Isolde	(Wagner)
The Magic Flute	(Mozart)	Götterdämmerung	(Wagner)
Fidelio	(Beethoven)	Carmen	(Bizet)
Traviata	(Verdi)		

Recommended Critical Reading

Patterns of Culture	Ruth Benedict
From the South Seas	Margaret Meade
Middletown	Lynd
The Heroic Age	Chadwick
Epic and Romance	L. P. Ker
Plato To-day	R. M. S. Crossman
Christianity and Classical Culture	C. N. Cochrane
The Allegory of Love	C. S. Lewis

Pero como lees en español, y tal vez escribas en español, y ahora tus alvéolos están abiertos, no queremos enviarte a la boca de lobo sin una lista de literatura hispanoamericana.[35] Además, necesi-

35. La edición original incluía, naturalmente, una lista de literatura italiana. Aquí la tienes, para satisfacer tu curiosi-

tarás algo que leer cuando acabes todos los libros de las listas anteriores... De nuevo, no pretendo aquí establecer canon alguno. Y como es de esperar que un poco de estructura se te haya «traspasado» con las lecturas precedentes –especialmente

---

dad: *Diálogos morales*, de Giacomo Leopardi; *La conciencia de Zeno*, de Italo Svevo; *Uno, ninguno y cien mil*, de Luigi Pirandello; *Agostino*, de Alberto Moravia; *El desierto de los tártaros*, de Dino Buzzati; *Conversación en Sicilia*, de Elio Vittorini; *Cristo se paró en Éboli*, de Carlo Levi; *La luna y las fogatas*, de Cesare Pavese; *La historia*, de Elsa Morante; *El gatopardo*, de Giuseppe Tomasi di Lampedusa; *La vida agria*, de Luciano Bianciardi; *La piedra lunar*, de Tommaso Landolfi; *Todo modo*, de Leonardo Sciascia; *Otros libertinos*, de Pier Vittorio Tondelli; *Perorata del apestado*, de Gesualdo Bufalino; *Dissipatio H.G.*, de Guido Morselli; *Petróleo*, de Pier Paolo Pasolini; *Los imperdonables*, de Cristina Campo; *Las ciudades invisibles*, de Italo Calvino; *Pompeo*, de Andrea Pazienza (sí, es un cómic, pero también es la mayor novela italiana de la segunda mitad del siglo XX). Entre los vivos: *Seminario sobre la juventud*, de Aldo Busi; *El Danubio*, de Claudio Magris; *Narradores de las llanuras*, de Gianni Celati; *Ka*, de Roberto Calasso; *Gli esordi*, de Antonio Moresco; *Geologia di un padre*, de Valerio Magrelli; *Il defunto odiava i pettegolezzi*, de Serena Vitale; *Leggenda privata*, de Michele Mari. Y más títulos: *Tre croci*, de Federigo Tozzi; *Horcynus Orca*, de Antonio D'Arrigo; *Sinfonia*, de Antonio Pizzuto; *L'ultima erranza*, de Giuseppe Occhiato; *Cristi polverizzati*, de Luigi Di Ruscio.

con Faulkner–, tal vez ahora necesitarás una lista orientada a educar tu estilo. No obstante, para eso ya habrá tiempo (y, además, tranquilo: si lees bien a Proust –sí, en su caso, *también en traducción*–, tu estilo experimentará mejoría). Podrías empezar con los libros que siguen cuando te decidas a escribir en serio, porque la prioridad aquí es ampliar el horizonte, subir el listón, el nivel de absorción calórica, las aspiraciones, la percepción de posibilidades, la exaltación, para que tú puedas, de una vez por todas, iniciar tu recorrido. Claro, si los lees bien, Borges, Cortázar, Bolaño y Cervantes no son poco. Pero como nunca se lee suficiente, aquí tienes:

La vida de Lazarillo de Tormes y de sus fortunas y adversidades
La Celestina, de Fernando de Rojas
La Regenta, de Leopoldo Alas Clarín
Fortunata y Jacinta, de Benito Pérez Galdós
Nada, de Carmen Laforet
Pedro Páramo, de Juan Rulfo
Los siete locos, de Roberto Arlt
La invención de Morel, de Adolfo Bioy Casares
Sobre héroes y tumbas, de Ernesto Sabato
Paradiso, de José Lezama Lima
El obsceno pájaro de la noche, de José Donoso

El beso de la mujer araña, de Manuel Puig
Reivindicación del conde don Julián, de Juan Goytisolo
La promesa, de Silvina Ocampo
Cien años de soledad, de Gabriel García Márquez
La vida breve, de Juan Carlos Onetti
Conversación en la catedral, de Mario Vargas Llosa
La familia de Pascual Duarte, de Camilo José Cela
La muerte de Artemio Cruz, de Carlos Fuentes
El comienzo de la primavera, de Alejo Carpentier
Antes que anochezca, de Reinaldo Arenas

¿Nadie que siga vivo?
Aquí tienes, algunos incluso muy recientes:

Papeles falsos, de Valeria Luiselli
La parte contada (trilogía), de Rodrigo Fresán
Proyecto Nocilla (trilogía), de Agustín Fernández Mallo
Papi, de Rita Indiana
Salón de belleza, de Mario Bellatin
Kentukis, de Samanta Schweblin
Mandíbula, de Mónica Ojeda
La casa en Mango Street, de Sandra Cisneros
Historia del llanto, Historia del pelo, Historia del dinero (trilogía), Alan Pauls

Temporada de huracanes, Fernanda Melchor
Corazón tan blanco, Javier Marías
La hija del este, Clara Usón
Soldados de Salamina, Javier Cercas

¿Demasiado fácil? ¿Demasiado obvio? ¿Ya te has convertido en uno de armas tomar? De acuerdo: *Las sorias*, de Alberto Laiseca; *La mujer desnuda*, de Armonía Somers; *Árboles petrificados*, de Amparo Dávila; *Las fuerzas extrañas*, de Leopoldo Lugones; *Cuentos de amor de locura y de muerte*, de Horacio Quiroga; *Farabeuf o la crónica de un instante*, de Salvador Elizondo. ¿Mejor así?

¿Y podré leer libros nuevos, que se publiquen durante el año?

No solamente podrás leerlos, *tendrás que hacerlo*. Al igual que ojear *Los juegos del hambre* no le hará daño a quien quiera escribir una distopía, a condición de que haya leído todo lo demás. ¿Quieres escribir y no estar al día de lo que están haciendo tus contemporáneos? Serán también chuches en comparación con las proteínas nobles que te han sido asignadas hasta ahora, pero es importante entender cómo está hecho y cómo cambia el campo literario en el que aspiras integrarte. La verdad es que mañana, cuando escribas de verdad, tendrás que ojear también libros menos logrados –a veces también malos–, porque tendrás que estar al tanto del panorama editorial y el panorama editorial incluye mucha porquería. Pero antes tienes que tapar algunos de los agujeros en tu formación (a propósito, me doy cuenta sólo ahora que no he incluido *Madame Bovary*, de Flaubert, auténtica llave de la novela moderna: añádela) y leer los libros de la primera lista. Y también de la segunda. Cuando acabes, y ya estés en buena forma, podrás permitirte dulces, caramelos y de vez en cuando también una hamburguesa, porque entonces ya tendrás la fuerza y el ánimo que te proporciona la disciplina.

2

Disciplina

¿Estás leyendo? ¿A qué punto de la lista has llegado? Si todavía te faltan libros, piensa en leer, no en escribir. Vuelve al capítulo anterior.

¿Cómo? ¿No tienes tiempo para leer? Y si no tienes tiempo para leer, ¿cómo piensas encontrar el tiempo para escribir *también*?

Te planteo estas preguntas porque, sí, ya estamos en el segundo capítulo y aquí te será revelado el secreto definitivo. ¿Qué? ¿Ya? Así es: sin esperas ni preámbulos, toda la verdad de entrada. Créeme, apenas has leído un capítulo y ya te voy a decir todo lo que necesitas saber. Lo demás es accesorio, simples corolarios, dispositivos técnicos que puedes integrar sola o solo. Pero antes tienes que digerir el primer capítulo. Si en tu mesita de noche no están aquellos libros, o una lista de intensidad equivalente que has compilado tú mismo, ya te estás equivocando. Vuelve atrás y ponte a leer. Si quieres escribir en serio, te revelo los secretos en el capítulo dos, pero todo tiene un precio: tendrás que quitarles tiempo a muchas cosas y llevar siempre un libro contigo, en cada momento. En general, los demás intereses desaparecen y también se resiente la vida privada.

Como he dicho, no quiero venderte cursilerías sobre la escritura como vocación totalizante, pero es un hecho objetivo que la escritura –si el propósito es producir algo decente– requiere mucho tiempo. Y antes de empezar a escribir, se necesita leer, actividad que precisa aún más tiempo, y claramente no serás capaz de liberar tiempo para la escritura si antes no lo habías hecho para la lectura.

Supongamos que has empezado a cuidar de tu dieta. A cuidarla en serio. Supongamos que has ido a la librería con la lista en la mano y que en tu mesita de noche ya hay una pila de volúmenes y en el suelo otra más, con los libros que ya has leído. Si es así, podemos pasar a la disciplina. Aquí se halla el secreto áureo. La Tabla de Esmeralda. La única. Porque, en verdad, que un aspirante a escritor tiene que leer por sistema obras maestras ni siquiera hubiera tenido que decírtelo.

¿Preparada, preparado? Aquí está:

escribe todos los días.

No hay más.

Lee bien: *todos los días*, no los días de vacaciones o todos los días de aquel mes que con esfuerzo has conseguido reservarte para escribir o durante los fines de semana o cinco o seis días por semana. Todos. Los días. Habrá días en los que conseguirás escribir poquísimo, pero no tienes que saltártelos. Cuando te hayas convertido en escritor –y el objetivo de este panfleto, precisamente, no es enseñarte a escribir, porque a escribir no se enseña, sino que te conviertas en escritor– podrás saltarte unos días. Pero entonces, si es que llegamos, no querrás hacerlo.

Te prometo[36] que si lees todos los libros del capítulo uno, y escribes todos[37] los días, en unos cinco años no solamente habrás escrito una novela, hasta la habrás publicado.

36. Incluso interprétala como la fórmula «si no está satisfecho, le devolvemos su dinero».
37. Todos.

Partiendo de que no se trata sólo de una cuestión cuantitativa, si escribieras dos mil caracteres al día, tendrías 730.000 caracteres en un año. Dos novelas, no precisamente breves, o un auténtico novelón. Aunque asumas que borrarás la mitad del texto,[38] igualmente tendrás una novela. Aunque asumas que borrarás tres cuartas parte del texto –sí, puede ocurrir– igualmente habrás escrito una novela en dos años, que es un tiempo excelente. Aunque asumas que borrarás tres cuartas partes del texto y luego la novela entera, para escribir otra –sí, también puede ocurrir, es más, es necesario para llegar a escribir lo que quieres–,[39]

38. Sí, tenlo en cuenta.

39. En 2005, cuando había publicado unos cuentos en una revista autoeditada, gané uno de aquellos raros concursos literarios cuyo premio es la publicación por parte de una editorial de verdad. Pero el editor navegaba en aguas pésimas desde el punto de vista financiero, y poco después se declaró en bancarrota, renunciando a publicar los libros de los ganadores, entre los cuales el mío, que quedó para siempre inédito. Lo envié a incontables editoriales y agencias literarias y como respuesta sólo recibí el silencio. En aquel momento, sufrí mucho. Pero, en realidad, fue una doble bendición. Como había sido tan bobo que le había dicho a todo el mundo que publicaría un libro, me vi muy motivado para escribir otros (la única forma de no pasar por el tonto del pueblo era encontrar la manera de publicar rápi-

tendrás una novela en cuatro años, que sigue siendo un tiempo muy decoroso. Y dos mil caracteres no son nada, ya verás. Justo cabe en ellos media escena, una descripción un poco más extensa de lo habitual, un diálogo.

¿Cuántos caracteres tengo que teclear, pues?

Si *de verdad* escribes todos los días, los dos mil que hemos mencionado tendrían que ser suficientes. Serían mejor tres mil, y no para que te agotes: con tres mil, simplemente, hay más margen. Hay espacio para desarrollar un discurso, una escena, para relajar un poco la escritura. Dos mil, como verás, son asfixiantes.

Con los compañeros discutimos a menudo sobre cuántos caracteres habría que escribir cada día. Para encontrar una respuesta, durante los úl-

---

damente *otro libro*) y en dos años y medio debuté (ganando otro concurso, esta vez, gracias a Dios, honesto) con *Personaggi precari* [Personajes precarios], en 2007, y publiqué con una gran editorial *Gli interessi in comune* [Los intereses en común], en 2008. Es inútil decir que ambas novelas son mejores que la primera, que era tan endeble e ingenua que luego decidí no publicarla, cuando varios editores me propusieron hacerlo. Y hoy estoy muy contento de que siga inédita.

timos años, entrevisté a varios autores internacionales y a todos les planteé las mismas preguntas sobre su rutina de escritura.[40] Y resulta, mira tú, que todos –menos Colm Tóibín, que se encierra un mes al año en una casa de los Pirineos con una caja de botellas de whisky, un método admirable pero que no está comprobado que funcione para todos los escritores– escriben todos los días. Y resulta también que casi todos intentan escribir, en un día de trabajo, entre cuatro mil y cinco mil caracteres.[41] Tiene sentido: son suficientes para conducir un discurso estructurado, pero no tantos como para secar el pozo. A veces, si estás en un buen momento o en pleno flujo,[42] hasta puedes llegar a diez mil caracteres, pero no conviene empujarse más allá de este límite. El porqué lo explica Hemingway, que cada día se iba a la cama, además de borracho, sin haber escrito todo lo que hubiera querido escribir, sino deteniéndose un

40. Todas las entrevistas se pueden leer en el blog *minima&moralia*, en la sección «Discorsi sul metodo» [Discursos sobre el método].
41. En efecto, excepto algunas excepciones, los anglosajones escriben unos cuatro mil caracteres, y cinco mil los autores de lenguas románicas, cuyas palabras y frases son un 20% más largas, precisamente.
42. Más adelante te lo explico.

poco antes: para tener ya algo en la cabeza y empezar con impulso al día siguiente. Funciona. Hazlo. Es obvio que al principio cinco mil caracteres pueden parecer muchos. Puedes empezar con tres mil. Dos mil, si te cuesta demasiado. Pero escribe todos los días.

Objeción: en la literatura cuenta la calidad, no la cantidad.

Es verdad. De hecho, si estás escribiendo una novela de aventuras, una de esas en que importa más la trama que el estilo, con más acción y diálogo que digresiones y reflexiones, descubrirás que es más fácil conseguir ese propósito diario. Mientras que si estás escribiendo cuentos, que requieren más trabajo de artesanía y la adhesión a un mecanismo narrativo desde el principio, tres mil caracteres al día no son muchos, tampoco para un profesional. Si estás escribiendo poesía, cualquier consideración cuantitativa sería absurda. Pero hay una diferencia ontológica entre calidad y cantidad. La calidad la valorarán los que vendrán, la cantidad la puedes valorar tú mismo. Establecer objetivos cuantitativos permite respetarlos (o no) y, por tanto, establecer una medida para quedarse satisfechos o descontentos al final de la jornada. Y lo que queremos ahora es que encuentres tu ritmo.

Pero hay más. La disciplina, de hecho, no sirve solamente para garantizar la simple productividad mecánica. Cuando se piensa en el trabajo de escritura, aparece una idea falsa y estereotipada, que también tuvo su origen en el romanticismo y que sigue viva y goza de amplia difusión, según la cual el autor escribe cuando en su alma se enciende el fuego divino de la inspiración. Y de esta creencia brotan otras, como la del «síndrome de la página en blanco», que ningún escritor profesional ha experimentado jamás. Porque un profesional, si acaso, tiene el problema opuesto: demasiado poco tiempo para escribir todo lo que quisiera. Hay una frase del pintor hiperrealista Chuck Close que es tan adecuada para los escritores que a menudo ha sido atribuida a Vonnegut. Y dice así: «La inspiración es para los diletantes». Así es. Por favor, la inspiración existe, y cuando aparece se escriben más páginas, y a veces, mejores. Pero llega invariablemente sólo si se trabaja de manera sistemática, y «de manera sistemática» significa: *todos los días*.

Y todavía hay más. La disciplina, en efecto, no sirve solamente para garantizar productividad, ni se limita a asegurar que la inspiración será interceptada. Escribiendo todos los días, no sólo se evita la considerable pérdida de tiempo, que todo diletante conoce muy bien, por tener que «volver a entrar en el texto», sino que se accede a un estado de conciencia específico, que de otra forma no podría alcanzarse, en el que uno se descubre pensando en la novela y en el cuento que quiere escribir *incluso cuando no está escribiendo*. Y entonces se consigue el auténtico cambio de ritmo. Ya no tienes que pensar qué escribir cuando te sientas en el escritorio, porque *ya lo has pensado* mientras hacías la compra, buscabas aparcamiento, llevabas a tus hijos al colegio, trabajabas en algo distinto o estabas a punto de dormirte. La actividad de la escritura se vuelve más parecida a una actividad de *transcripción* que a una de creación, y así se simplifica enormemente. Se descubre, que en semejante y bendito estado,[43]

43. Simplificando al máximo, el proceso que lleva a la realización de un libro puede dividirse en cuatro fases: ideación (a veces incluso de una sola imagen o personaje o impresión), incubación, redacción, revisión (sobre esta última fase, lee el capítulo seis). Pero, considerado que una novela es a todos los efectos una actividad de investigación, y que las mejores ideas llegan mientras se está trabajando, es indispensable que la fase de incubación se prolongue durante casi toda la etapa de redacción. Escribir todos los días te permitirá conseguir este resultado.

escribir –mejor dicho, *transcribir*– tres mil caracteres casi suena banal y llegar a cinco mil es una tarea ordinaria.

Lo creas o no, aún hay más. Si tienes en la cabeza, bien vivo, lo que quieres escribir y has conseguido una regularidad cotidiana, es posible entrar, durante el trabajo, en modo «flujo» –calco, para determinar este estado, la definición del pionero de la psicología positiva, Mihály Csíkszentmihályi–. No siempre ocurre: a veces escribir es sólo fatiga, incluso cuando uno se limita a transcribir. «Odio escribir, amo haber escrito», afirmaba, perspicaz, Dorothy Parker. Y a menudo es así, pero quien escribe todos los días sabe que a veces las cosas van de manera distinta, y se entra en un estado de conciencia parecido a un ligero trance –hay quien lo ha llamado *deep play*, otros *alpha state*– en el que se consigue un equilibrio entre el nivel de desafío y las capacidades personales, entre el ansia y el aburrimiento. En tales condiciones, no solo proceder es (relativamente) sencillo y (a veces) excitante, sino que uno se descubre capaz de crear activamente, aunque mantenga el nivel de empeño de una transcripción. También por eso no es una buena idea revisar demasiado *mientras se escribe*: el flujo no puede coexistir con la búsqueda de la perfección.

Aquí tienes un esquema del propio Csíkszentmihályi:

Para conseguirlo, se necesitan determinadas condiciones:

- Reservarse una franja de tiempo diaria, preferiblemente con un horario fijo.
- Lograr disponer de un amplio horizonte de días –no es cuestión de empezar a escribir en serio si sabes que en una semana tendrás compromisos impostergables.
- Proteger a toda costa el tiempo de la escritura,

> más allá de cualquier eventualidad y persona. Siempre. Grábatelo en la cabeza y grábalo en la cabeza de quien está a tu alrededor: cuando estás escribiendo, estás trabajando. Como cuando sales de casa y vas al despacho.[44] Por tanto, sólo por emergencias reales –las que involucran a una ambulancia, un coche de policía o un camión de bomberos– tienen derecho a molestarte.

A veces, organizarlo todo para disponer de varios meses en estas condiciones es complicado, y convertirlo en una condición permanente aún más. Hacerlo a medias o gradualmente no es una buena idea: los compromisos cotidianos reconquistarán pronto los pequeños espacios que te has reservado.

Se trata, ni más ni menos, de un cambio de estilo de vida, y para algo así se necesitan tiempo, planificación, renuncias, compromisos y negocia-

44. Un grupo de escritores de San Francisco creó, literalmente, una oficina donde ir a escribir, el Writer's Grotto, para estar cubiertos en ese sentido. Algunos han contado que, por fin, sus madres consideraron que habían encontrado «un trabajo de verdad» –no obstante ya recibían adelantos de cinco o seis cifras.

ciones. «¿Cómo le explico a mi mujer que cuando miro por la ventana estoy trabajando?», se preguntaba Joseph Conrad. Probablemente a tu pareja es mejor que se lo expliques antes y que no le dejes entrar en la habitación, para que no pueda diferenciar el momento en que estás viviendo la exaltación en el teclado y el momento, menos fascinante, en que te pilla mirando por la ventana.

O hipnotizado por internet...

No, no estarás haciendo *scrolling* una y otra vez, no. Porque escribirás con el wifi (y hasta el módem) desconectados.

Eh, pero para investigar...

Cierto. Internet es muy útil para la investigación y el *fact checking*. Por eso anotarás en un archivo específico (o mejor aún, en una hoja) los datos que tienes que verificar, y los verificarás todos juntos al final de la sesión de escritura.[45] Así evitarás saltar de la página web que necesitabas a otra, y luego a otra, hasta hallarte leyendo algo completamente ajeno al libro que estás escribien-

45. O al final del mes de escritura.

do, mirando tu e-mail, o el periódico, o las redes sociales, o haciendo en bucles mortales las tres cosas a la vez.[46]

¿Y si me bloqueo?

Esto también es verdad, a veces un texto no avanza. Sin embargo, los profesionales difícilmente se rinden. Tal vez se dan cuenta de que están escribiendo algo que no funciona, y lo desechan. O no tienen ganas de escribir. Pero es difícil, muy difícil que se detengan mientras el trabajo está en curso. ¿Por qué? Aquí tienes otro secreto, banal pero poderoso: multiplicar los accesos.

Si escribes una novela y avanzas de forma lineal, antes o después te verás en uno de los muchos, y normales, nudos que implica toda redacción. A veces estos nudos requieren tiempo, y es posible que no se deshagan ni siquiera si se lo dedicas, porque su resolución requiere, quizás, la lectura de determinados libros o simplemente unos meses de distancia. Y es entonces, a menudo, cuando el principiante se deja ganar por el pánico y cree que se ha bloqueado.

46. Por la misma razón, utilizar diccionarios en papel sigue siendo una buena idea.

Si, en cambio, cuando escribes una novela, trabajas simultáneamente en tres, cuatro o cinco capítulos o líneas narrativas; si estás escribiendo a la vez el principio, el final y una escena de la parte central, o dos o tres, no ocurrirá: en cuanto te topes con un nudo que todavía no es el momento de deshacer, podrás pasar a otra escena. Y la forma de deshacerlo llegará cuando tenga que llegar (tal vez dos o tres días o un mes después, mientras haces la compra o buscas aparcamiento). No te digo, como Jack London, que la inspiración hay que perseguirla con un bastón, pero sí hay que crear las condiciones óptimas para recibirla.[47]

¿Y si escribo cuentos? Es difícil conseguir más accesos con un cuento.

Es verdad. Bolaño, que al final de su carrera también se había convertido en un gran cuentista, además de ser un grandísimo novelista, decía esto: «Nunca abordes los cuentos de uno en uno. Honestamente, uno puede estar escribiendo el

47. Una conclusión obvia de todo esto es que siempre tienes que llevar una libreta (o bajarte una aplicación para tomar notas en el móvil): hay ideas que pasan rápidas y, si no las anotas enseguida, no vuelves a recuperarlas.

mismo cuento hasta el día de su muerte. Lo mejor es escribir los cuentos de tres en tres, o de cinco en cinco. Si te ves con energía suficiente, escríbelos de nueve en nueve o de quince en quince».

¿Hace falta que *yo* añada algo?

A veces, sobre todo si se está empezando, puede ser útil tener abiertos, simultáneamente, hasta dos o tres proyectos de novela o de cuento. Porque todavía no se ha adquirido aquella seguridad con respecto al trabajo que se está haciendo que permite saber qué escribir, tener la certeza de que lo haremos y tal vez hacer una estimación del tiempo que necesitaremos para ello. Esta habilidad se adquiere sólo con la experiencia. Así, al principio, ayuda tener en marcha un plan B y un plan C, e incluso unos planes D, E, F.[48] Ellos mis-

48. Será útil para llegar a la publicación: sería ingenuo pensar que podríamos conseguirlo al primer intento, teniendo en cuenta que varios gigantes de la literatura se han abierto camino a través de ráfagas de rechazos. El mundo editorial no te necesita, ya hay demasiados escritores, muchos de ellos muy buenos y con su propio público: si quieres espacio, tienes que ganártelo. Más proyectos significan más posibilidades de publicación, y no solamente porque te verás con más libros acabados, sino también porque podrás compararlos

mos se encargarán de organizarse jerárquicamente a medida que avances, en cierto momento saldrá de la niebla el proyecto principal,[49] y una vez engranada la marcha, te dedicarás a él.

¿Y si todavía no tengo un proyecto?

Haz algo de todas formas. Describe todas las puertas de tu calle. A todos tus compañeros de primaria. Empieza a redactar un diario. Haz un *remake*. O dos. Chéjov se presta muy bien a la reescritura, sus cuentos se rigen por la estructura, puedes cambiar la ambientación y reescribirlos y obtendrás la satisfacción de haber escrito algo que funciona, mientras aprendes a escribir cuentos. O copia, directamente. Selecciona páginas magistrales de autores y autoras a quienes admiras y cópialas en papel, después en el ordenador. No es una pérdida de tiempo, aunque lo parezca:[50]

---

entre ellos y descubrir que, tal vez, el que creías más potente no era necesariamente el mejor.

49. Asigna un título provisional a cada novela o cuento: te será útil, los nombres otorgan concreción y definición a un proyecto. Si luego no funciona, lo cambias.

50. Cuando no parece una locura: si has llegado a este punto, se presupone que ya has leído «Pierre Menard, autor del Quijote», de Borges, uno de los cuentos de *Ficciones*.

en el acto de copiar, absorberás algo de su oficio de una manera distinta a como lo haces a través de la lectura. Haz lo que quieras, a condición de que escribas todos los días.[51] Si lo haces, el proyecto adecuado acabará llegando. La vida del escritor –la *verdadera* vida del escritor, es decir, el momento en que escribe– es *realmente* una dimensión paralela, superpuesta pero alternativa a la vida real: sólo una disciplina férrea en la segunda permite tener suficiente espacio y tiempo para poder disfrutar en la primera de auténtica libertad.

51. Cuidado: es oportuno recurrir al *remake* y a la copia sólo cuando no se sabe qué escribir. Si ya tienes un proyecto en mente, estaría bien que te pusieras enseguida a trabajar en él, aunque acabes descubriendo que no es el proyecto adecuado o que todavía no eres suficientemente experto para desarrollarlo como querías. La escritura literaria es búsqueda, la búsqueda requiere tiempo, por tanto, cuando antes empieces, mejor será.

3

Intermedio: este libro podría terminar aquí

Te lo juro. Vuelve al capítulo uno. Ve a la librería. ¿Ya has ido? Bien. Vuelve al capítulo dos y empieza a reorganizar tus días.

Perdona, si podría terminar aquí, ¿por qué no lo has acabado?

Porque todavía hay algo más: en varios años de enseñanza he destilado un puñado de sugerencias que pueden resultarle útiles a cualquiera. Pero jamás, que quede claro, sustituyen lo que acabas de leer.

Entre los capítulos que siguen, los primeros dos son los más arbitrarios. Creo, con razón, que los principios que allí comparto son los de mayor valor general, entre otros miles posibles –tal vez porque, como sostenía Carver, en la escritura «se puede enseñar, sobre todo, lo que *no* hay que hacer»– y funcionan como advertencias potencialmente útiles a todos los aspirantes a escritores (pero alguien podría llegar a decir que no, es mejor enseñar esto o lo otro, y desde su punto de vista tendrá buenas razones para argumentarlo).

Si tienes dudas, pues, salta directamente a los capítulos sucesivos: están construidos desde el sentido común, y el sentido común nunca hace daño.

O, mejor aún, vuelve a leer los primeros dos capítulos –y actúa.

No leas directamente el capítulo final. Sí, lo sé, ya lo has hojeado, o lo harás ahora mismo. Pero no pienses demasiado en el tema. *Literalmente* lo he puesto allí para cerrar el libro con una sensación de redondez –en el fondo, se escribe también para que alguien nos lea–, pero ser demasiado consciente de eso ha arruinado a un gran número de potenciales autores, al menos en nuestra época.

Mejor aún: deja de lado este libro, sumérgete en los de las listas y vuelve sólo cuando hayas acabado de leerlos.

He leído que das cursos de veinte y de cuarenta horas. ¿Qué haces después de haber explicado todo esto? ¿Qué me estás ocultando?

Trabajo los textos. Edito y comento en vivo. Es algo que no se puede transmitir en un libro. Creo en su utilidad, no se trata solo de «consejos», como opinaba Natalia Ginzburg, porque los errores posibles son muchos, pero tienden a repetirse, y cada uno puede aprender algo observando cómo se corrigen los de los demás. Pero en cada curso repito siempre, ante todo, los preceptos de los primeros dos capítulos: el resto es siempre y solamente un valor añadido.

Si te dicen que hay algo más que podría enseñarte, te están mintiendo. No se puede enseñar a escribir. Pero hay cosas de las que puedes protegerte, trampas más comunes que otras. Cosas que un escritor, o al menos alguien que haya aprendido a pensar como un escritor, no haría jamás.

4

Primera cosa que no hay que hacer: caer en el cliché

¿Has comprado o cogido en préstamo de la biblioteca los libros de la dieta? ¿Has empezado a reorganizar tu existencia para favorecer la lectura y la escritura?

¿Sí?

Vale, quiero creerte –y además te lo he preguntado ya demasiadas veces.

Sigamos.

Si, por un lado, está claro que no se puede enseñar a «escribir bien», ni resulta obvio definir en qué consiste el «escribir bien», está igualmente claro que es bastante fácil distinguir una novela o un cuento «bien escrito» de uno «mal escrito».[52]

52. El exceso de comillas subraya la ausencia de parámetros objetivos.

No es sencillo definir qué significa escribir mal. Pero sí existe un consenso universal sobre una característica de un texto mal escrito: puedes estar seguro de que, si la evitas, al menos estarás empezando a escribir mejor. En general, un libro «mal escrito» está lleno de clichés. Lugares comunes, en efecto. También puede ser verdad, como decía Umberto Eco sobre *Casablanca* –que, en cualquier caso, es una película y no un libro–, que un cliché por sí mismo es repulsivo, pero cuando los clichés irrumpen juntos pueden alcanzar profundidades homéricas.[53] Y es cierto que en determinadas situaciones, especialmente en el ámbito de los así llamados «géneros» (que, con respecto a la igualmente así llamada *literary fiction*,[54] se

53. «Dos clichés hacen reír. Cien clichés conmueven. Porque percibimos vagamente que los clichés están hablando entre sí y celebran una fiesta de reencuentro. Del mismo modo que el colmo del dolor se acerca a la voluptuosidad y el colmo de la perversión roza la energía mística, así también el colmo de la banalidad deja entrever una sospecha de sublime», *Dalla periferia dell' Impero*, Milán, La Nave di Teseo, 2016 [primera edición, Milán, Bompiani, 1977. Edición en castellano: *A hombros de gigantes*, trad. de María Pons, Barcelona, Lumen, 2018].

54. No comparto la distinción maniquea entre géneros. Sólo la calidad define lo que es literatura, y el hecho de que deter-

mueven en el interior de un canon más definido), se puede, y a veces se debe, jugar también con arquetipos y estereotipos, modular variaciones sobre el tema y calcos y ecos y citas. Y también es cierto que hay escritores que, aunque no atesoren quién sabe qué estilo, tuvieron un impacto mayor que otros que escribían mejor que ellos. Digamos, Dick o Lovecraft, así como, de manera distinta, se podría hablar de Dostoyevski (pero la lista es larga); si es verdad que su estilo incluye algunos lugares comunes, los contenidos son de una novedad impresionante.

Por tanto, sigue siendo evidente lo que decía Martin Amis:[55] que, en un sentido u otro, la literatura no es más que la lucha constante contra los clichés. Lo que nos interesa, ahora que has cambiado tu dieta y has establecido una disciplina, es que

---

minados géneros, al ser muy populares en determinadas épocas, hayan engendrado también mucha narrativa de escasa calidad, es un fenómeno secundario (y completamente normal: como recuerda Edoardo Rialti, en su *Storia del fantasy* [Historia del género fantástico]: «[...] por cada *Orlando Furioso* había decenas de *Amores de Marfisa*, por cada *Drácula*, decenas de *Varney*»).

55. Puedes añadir a la lista *La información*: no es una obra maestra, pero las primeras cincuenta páginas son las primeras cincuenta páginas de una obra maestra.

tu escritura mejore, y para conseguirlo el primer paso debe ser el destierro de los lugares comunes.

Ten en cuenta que los clichés existen en varios niveles: en un nivel «macro», es decir, de acontecimientos y contenidos; en el nivel «intermedio», de escenas o personajes; y a nivel «micro», en la frase o la combinación de palabras, es decir, en el plano estilístico.

En lo que respecta a la estructura y la trama es más raro que los clichés parezcan un problema, es más, es frecuente que una obra comercial funcione precisamente porque su estructura es el calco de otra ya contrastada –en el cine casi siempre es así, y también en la narrativa literaria ocurre a menudo–. Claro, sería mejor evitar los clichés también en la estructura y la trama, pero interceptarlos es más difícil y, en realidad, también interceptar con seguridad los del nivel de personajes y de escenas es cuestión de sensibilidad y experiencia –ante todo como lectores–. Todo lo que puedo hacer por ti, como no podemos analizar tu texto, es enseñarte a identificar y eliminar al menos los clichés estilísticos,[56] y luego enviarte de vuelta a la lectura.

56. Quede claro que, si los encontramos, es señal de que no has leído bastante o bastante bien. Se puede corregir, de modo que volvemos al punto uno una vez más.

Merece la pena decir que también aquí no hay una norma absoluta. En literatura, en efecto, las normas absolutas no existen: siempre podrá haber alguien que descarrile los preceptos más asumidos, y ahí está la belleza –es más, es lo que nos da, de vez en cuando, un poco de esperanza.

Por tanto, sólo puedo ayudarte a entrenar tu olfato, a través de una serie de ejemplos. No es necesario que te diga que expresiones como «se le heló la sangre en las venas» o «estaba tenso como una cuerda de violín» provocan disgusto: se trata de fórmulas tan usadas que ya se han vaciado de sentido. Solamente evocan las infinitas veces en que han sido repetidas hasta convertirse, precisamente, en ilegibles.[57] Y todavía se puede bajar a mayor profundidad. Cuando, en los primeros años dos mil, trabajaba con Gregorio Magini en la novela colectiva *In territorio nemico* [En territorio enemigo], tuve el fatigoso privilegio de enfrentarme a poco menos de ocho mil páginas de texto, producidas –en el marco de precisas instrucciones– por autores que iban del principiante absoluto al profesional, con una mayoría de principiantes. El método de escritura colectiva que

57. Y si no te das cuenta, quiere decir que no has leído bastante.

habíamos ideado alcanzaba el objetivo de que «se escribieran en grupo textos de buena calidad» a través de un procedimiento de acumulación y destilación: varios escritores escribían, individualmente, cada elemento narrativo; luego se seleccionaban los mejores fragmentos de cada texto y se recomponían. Así mi socio y yo, junto con los demás encargados de la composición, leímos durante tres años millares y millares de «fichas» (personaje, escenario, tratamiento, redacción, etcétera), seleccionando lo que pasaría a la «ficha definitiva» de cada personaje, escenario, escena o capítulo, hasta llegar, desde aquellas ocho mil páginas de materiales, a las 308 que conforman la novela *In territorio nemico*, publicada por la editorial Minimum Fax. Sin entrar en los méritos del método,[58] este trabajo nos permitió analizar a fondo una cantidad considerable de estilos de escritura de principiantes –los autores de *In territorio nemico*, que sigue siendo la novela publicada escrita por más personas, eran 115, y para muchos se trataba de su primera experiencia «seria» de escritura–, una información a la que ni siquiera un editor profesional tiene acceso, porque en una

58. Quien quiera profundizar en el tema, puede encontrar todos los materiales en la web *Scrittura Industriale Collettiva*.

editorial todo lo que llega y está por debajo de un estándar mínimo de calidad se identifica rápidamente, y se descarta. Pero, teniendo en cuenta que la virtud principal de nuestro método era dar valor a todos los participantes, pues incluso quien «escribe mal» puede aportar una buena idea, útil para el propósito global de la novela, y que coordinar un grupo de escritura compuesto por más de cien autores significa también intentar potenciar a cada uno de ellos, para que nadie se rinda, leíamos todas las fichas con atención, intentando encontrar algo útil en cada una. Un lujo –y sobre todo, una carga– que un editor no puede permitirse porque, en su trabajo, es prioritario descartar enseguida todo lo que está escrito de forma deficiente y dedicarse sólo a mejorar lo que tiene una calidad fungible –es decir, los libros seleccionados y contratados.

Todo esto nos llevó, en las largas noches de transformación de las fichas individuales en fichas definitivas, a plantear una serie de reflexiones sobre la naturaleza de la «mala escritura», dado que, entre 115 personas reclutadas por internet en una convocatoria abierta, es normal que haya cinco o seis que «escriben bien», una decena que escriben de manera decente y un centenar que escriben en grados distintos de deficiencia, aunque sean perfectamente capaces de hacer una aportación significativa al texto, sobre todo en las fases preliminares, cuando se definen tema, personajes, lugares y escenas, es decir, cuando sólo las ideas importan.[59]

Rastreando las fichas, nos dimos cuenta de que, además de cierto abuso de adverbios, había fórmulas recurrentes –determinadas combinaciones, casi siempre de sustantivo y adjetivo– en todas las modalidades de mala escritura.

Las llamamos *banality*, una crasis entre «banal» y «fatality» (los movimientos finales del videojuego *Mortal Kombat*), ya que el único destino para la *banality* es su sangrienta eliminación. Aquí tienes una lista de las que aislamos de las fichas de *In territorio nemico*:

A la velocidad de la luz
A intervalos regulares
Olor agrio
Cálido abrazo
Color indefinido
Como empujado por una mano invisible

59. Esto sólo se aplica a la escritura colectiva, en la cual el método separa claramente las fases: si escribimos solos, la mayor parte de las ideas decisivas sale escribiendo y, por tanto, desde el minuto uno no se puede prescindir de «escribir bien».

Amplio comedor

Arcana belleza
Espera nerviosa
Destello de racionalidad
Blasfemias irrepetibles
Blanco espectral
Sensación rara
Con mano experta
Con paso decidido
De otros tiempos
De incomparable belleza
Estaba atrapado
Evidente estado de degradación
Densa niebla
Río de gente
Gestos rápidos y decididos
En posición fetal
Voz inconfundible
Deseo incontrolable
Discusiones interminables
Minutos interminables
Segundos interminables
Inútil pérdida de tiempo
Irreductible romántico
Labios carnosos

Como un animal acorralado
Como un animal enjaulado
Como un autómata
Como un río desbordado
Como un perfecto extraño
Como una bestia herida
Con la muerte en el alma
Horrores de la guerra
Paisaje surreal
Hablar brusco
Comida rápida
Por enésima vez
Por primera vez en su vida

Abrigo pesado
Pequeña multitud
Lluvia incesante
Posición innatural
Pegado a la pantalla
Caída rápida
Sendero empinado
Ruido ensordecedor
Camino interminable
Oculto por la vegetación
Silencio incómodo
Silencio surreal

Segundos larguísimos	Sonrisa tonta
Largo escalofrío	Capa espesa
Cúpula majestuosa	Extraña sensación
Ruinas humeantes	Estrecho pasillo
Total estado de abandono	Violentísima explosión
Mesa sólida	Voces confusas

Se entiende que ésta no es, ni puede ser, una lista exhaustiva –es más, releyéndola se entiende por qué salió una novela histórica y de aventuras–, pero, tras más de cinco años usándola en mis cursos, me ha confirmado que es lo suficientemente amplia como para que ayude a identificar, desde su origen, cualquier otra *banality*. También las que podrían surgir mientras se escriben libros de otro género y ambientación, e incluso las que todavía no lo son. Me explico: una vez, después de haber mostrado esta lista en un curso de escritura,[60] un estudiante se presentó con una co-

60. Es típico de los estudiantes de escritura creativa que sean normativos, porque parten del presupuesto de que están allí para aprender técnica, de modo que piden la lista para quitar las combinaciones de sus textos. De acuerdo, pero la cuestión no es mi lista: es aprender a reconocer las banalidades para desarrollar la sensibilidad apropiada que permite evitarlas *todas*.

pia de un libro de Dostoyevski (*Los hermanos Karamázov*, creo) con un post-it colocado hacia la página cien. Abrió el libro y me mostró, subrayado, un «olor agrio».[61] Ahora bien, el agrio olor podría ser la reina de las banalidades, por ser tan usada y por su pretensión literaria sin que comunique nada específico, pero eso no significa que Dostoyevski haya caído en la tentación,[62] podría haberlo hecho su traductor: el hecho es que las banalidades son dinámicas. Lo que funcionaba ayer puede ser una *banality* hoy; lo que funciona hoy puede incubar la *banality* de mañana. Porque los clichés nacen de la usura. Si una expresión te suena como algo ya dicho,[63] tienes que cambiarla.[64]

61. También he tenido estudiantes más diabólicos, que se presentaron al día siguiente con una copia de mi novela *Interessi in comune* donde habían subrayado un «en posición fetal». Allí no hay traductores o siglos que culpar: el autor era joven e inexperto, se equivocó, pide perdón y todavía sufre (de hecho, en la segunda edición, lo hizo desaparecer...).

62. Evito explicar que, de todas formas, Dostoyevski es maestro absoluto de la literatura, aunque no sea un sublime príncipe de la prosa: en literatura no hay reglas fijas y, por tanto, puede ocurrir tanto eso como lo contrario.

63. Mejor dicho: si suena como algo ya dicho *y* no es la solución más simple.

64. Pero no quisiera que, llegados a este punto, pensaras que una novela con un poli brusco pero de alma tierna, que persi-

gue al mafioso violento y cruel (o una protagonizada por un huérfano que, en realidad, es el elegido del mundo fantástico) funcionará siempre y cuando evites la expresión «olor agrio». No es así. De todas formas, si bien con una lista sencilla puedo ayudarte a identificar los clichés léxicos, con los estructurales y los narrativos sólo podrás dar de una única forma: leyendo, leyendo, leyendo.

5

Segunda cosa que no hay que hacer: escribir textos aburridos

Caray, qué descubrimiento. Es verdad, no es muy original. Y, sin embargo, por los miles de manuscritos que llegan cada año a cualquier editorial, al margen de los que se descartan enseguida por clara insuficiencia ortográfica, sintáctica o gramatical, la mayoría se rechazan por esta razón: son terrible y mortalmente aburridos. Carecen de interés, sean o no malos.

También aquí nos encontramos en un territorio donde no existen parámetros objetivos. No obstante, es fácil observar que los libros carentes de interés se parecen todos, mientras que los interesantes lo son cada uno a su manera. En general –y aquí, de nuevo, no estamos estableciendo normas, sino catalogando experiencias de lectura editorial– un libro poco o nada interesante tiene al menos uno de estos tres defectos, y a menudo dos o los tres juntos: ausencia de necesidad, ausencia de especificidad, ausencia de conflicto. Aunque existan buenos libros que tienen (a veces por voluntad deliberada del autor) uno de los tres defectos, difícilmente un buen libro puede incluir dos. Un libro con las tres ausencias es claramente un libro ilegible.

El primer principio sobre el cual hay que reflexionar es el de la *necesidad*. La navaja de Ockham, que es algo distinto de la simplicidad. Podrás encontrarte con escritores o profesores de escritura creativa que te dirán que hay que buscar la sencillez.[65] No es necesariamente cierto, aunque es verdad que, siempre y cuando el valor sea equivalente, es mejor un texto simple que uno complejo.[66]

65. Y varios de ellos muy buenos: Kurt Vonnegut desaconsejaba el uso del punto y coma; Elmore Leonard, además de las exclamaciones («como máximo, una cada cuatro mil caracteres») llegaba a desaconsejar los prólogos («muchos lectores se los saltarán») y hasta las descripciones detalladas de los personajes (es probable que jugara a hacerse el duro: sin embargo, es innegable que muchos personajes inolvidables de la literatura están trazados con poquísimos elementos, y a veces sólo por sus gestos y sus palabras).

66. En algunos casos es verdad, ni más ni menos. Por ejemplo, no es necesario usar verbos distintos de «dijo» en los

«Un día encontraré las palabras justas, y serán sencillas», decía Kerouac. Y es verdad, por último, que durante la revisión un principio fundamental es el de la «vorpal», es decir, de la eliminación despiadada de lo superfluo. De todas maneras, el Mejor es Marcel Proust, no Elmore Leonard.

En fin: todo lo que incluyes en un texto tiene que servir para algo. Si escribes una frase en la que cada elemento es útil, aunque se enrolle sobre sí misma, estará bien pese a que llenes dos páginas y media de términos bizarros y en desuso.[67] Si, en cambio, la has construido sólo para enseñar músculo y embellecer el texto,[68] o peor aún para darle un tono literario, no vamos bien. Todo tiene que cumplir una función: Vonnegut radicalizaba esta

---

diálogos. Leonard, de nuevo, explica bien el porqué: el discurso le pertenece al personaje; si se especifica *cómo* lo pronuncia, es el autor quien aparece, sin que se solicite su presencia. Añadir cualquier adverbio a «dijo», claro está, equivale a utilizar «afirmó», «aclaró», «corroboró».

67. Nunca utilices una palabra difícil si puedes utilizar una fácil para decir lo mismo; pero si usar una palabra difícil te permite encontrar el matiz exacto de lo que quieres decir, tienes que utilizarla, por supuesto.

68. «La prosa es arquitectura, no decoración de interiores», nos recuerda Hemingway.

concepción hasta el punto de decir que cada elemento tiene que hacer avanzar la historia o desarrollar un personaje; en realidad también puede contribuir a la construcción de la atmósfera o del campo estético, ideal y filosófico de la novela, pero sigue siendo cierto que todo necesita tener un propósito.

Entre los elementos inútiles, los más letales son las explicaciones no requeridas. Qué insoportable es el autor que te explica lo que tendría que emerger, o que ya ha emergido, de los hechos. He excluido conscientemente de este libro un pasaje dedicado al así llamado *show, don't tell*, porque es la noción de escritura creativa más conocida y más desgastada que existe, y se presupone que un aspirante a escritor ya sabe que es mejor mostrar que decir.[69] Y también es un concepto estupendo. Bastará con reproducir lo que dijo Billy Wilder,[70] que era director y no escritor, pero que escribió guiones sublimes: «Deja que el espectador calcule que 2 + 2=4: te lo agradecerá siempre».

69. Además es algo que se aniquila leyendo, porque ningún escritor realmente grande se equivoca en este sentido, jamás.
70. Cuando lo decía, se lo atribuía a Lubitsch.

Más huidizo, pero no menos decisivo, es el principio de *especificidad*. A menudo, en los textos de los aspirantes se observa un extraordinario despliegue de indeterminación. El hotel sólo es un hotel, el barco sólo es un barco. Hasta lugares específicos o que existen de verdad, como Japón, Roma o el Londres del siglo XVII, se describen a través de sus rasgos más superficiales, y se aplanan como si fueran postales. El lector ya conoce los datos genéricos, por tanto no es necesario repetírselos; en cambio, hay que proporcionarle detalles únicos, propios de *aquel* hotel, de *aquel* barco, de Londres en *aquel* día.[71]

Aprender la especificidad significa también construir la propia voz. Ay, la voz. Palabra que les gusta mucho a los editores.[72] A menudo se tiende a pensar que esa «voz» se corresponde con el estilo. Aunque se trate de una superposición parcial, no se trata solo de eso. También implica el tono, el espíritu, el nervio. La originalidad. Y la

71. Pero recuerda que en literatura no existen normas absolutas: en el mundo de las novelas de Beckett (que te invito a añadir a la lista) todo es indeterminado en la superficie, pero hay profundidad –que se halla en otros lugares del texto.
72. Si lees entrevistas a editores, verás que, cuando se les pregunta qué buscan en un autor o una autora, dicen a menudo: «que tenga una voz propia».

forma en que la autora o el autor eligen narrar, lo que deciden incluir y lo que excluyen, el tipo de detalles sobre los cuales se detienen y los que –en cambio– soslayan. A excepción de aquellos raros autores que, por precisas razones estéticas o filosóficas, optan por moverse en una dimensión abstracta, difícilmente puede existir una «voz» allí donde uno está perdido en el reino gris de lo genérico.[73]

Pero el interés no deriva solo de la necesidad y de la especificidad. «Un gato se tumba en la alfombra», como sabes, no es una historia. «Un gato se tumba en la alfombra de otro gato», en cambio, sí lo es. El interés brota –sobre todo– del *conflicto*.

Hay una viñeta de Grant Snider que circula mucho online, titulada «Conflicto en literatura». Está repartida en tres columnas: literatura clásica, moderna y postmoderna. En la columna *clásica*

73. Cuando lees un libro, lo último que quieres es encontrarte con algo que ya sabes o que puedes imaginar. Aunque se trate de un libro ambientado en lugares que conoces muy bien, con personajes parecidos a tus amigos y hechos análogos a algunos que has vivido en primera persona, querrás que aquel libro te diga algo nuevo. Lo genérico, lejos de ser pariente del arquetipo, es sencillamente aburrimiento.

vemos al «hombre contra la naturaleza», «el hombre contra otro hombre» y «el hombre contra dios»; en la *moderna* tenemos «el hombre contra la sociedad», «el hombre contra sí mismo» y «el hombre contra la ausencia de dios»; finalmente, en la *postmoderna*, «el hombre contra la tecnología», «el hombre contra la realidad» y «el hombre contra su autor». Es una tira cómica, pero esconde varias verdades (si quieres, puedes añadir «el hombre contra su destino»). Se sobreentiende que, en todas las novelas en que el acontecimiento es el motor principal, es clave la implementación de formas de conflicto (en todos los niveles: escenas, partes, arco dramático). Ya que la percepción de la trama por parte del lector tiende a organizarse alrededor de los conflictos, también en las obras que se basan en el estilo, si no existe conflicto, te arriesgas a perder a tu lector. Entendámonos, se puede escribir un gran libro incluso sin conflicto, pero entonces se necesita un grandísimo, enorme estilo: aquel gato, aquella alfombra, tienen que ser memorables y profundos, espectaculares, exudar la ausencia misma de lo gatuno y de lo alfombruno.

También en estos casos, si no hay conflicto, habrá *contraste*. El negro hará destacar al blanco, el yin hará destacar al yang, el mal al bien, un personaje reflexivo a uno impulsivo, el gato a la alfombra y la alfombra al gato.

En efecto, también valen las oposiciones estéticas y de ritmo. Un libro que tiene como protagonista a un *flâneur* que camina por una ciudad podrá no presentar conflictos particulares, pero basará su ritmo –y por tanto una parte de su interés para el lector– en el contraste entre las varias cosas vistas, experimentadas y pensadas por el personaje. Una serie de escenas fuertes, encadenadas, acaba resultando tan aburrida como una serie de escenas blandas también narradas una detrás de la otra.

Pero ahora nos estamos deslizando hacia la técnica, de modo que está bien repetir que todo esto podrías asimilarlo mejor tú solo, leyendo y escribiendo. Si has llegado hasta aquí, por otro lado, se presupone que ya has cuidado tu dieta, que has puesto en práctica la disciplina y que, tal vez, como has leído estas dos primeras «cosas que no hay que hacer», incluso has escrito algo. Tal vez hasta lo hayas acabado. Entonces, ha llegado el momento de pensar en la tercera cosa que no hay que hacer.

6

Tercera cosa que no hay que hacer: revisar menos de lo suficiente (o hacerlo demasiado pronto)

Un amigo editor me dijo una vez: «Si encuentro una errata en la primera página de un manuscrito, lo descarto».

En aquel entonces pensé que era un farol, es más, pensé que era el farol de un imbécil. Tras una década escribiendo y editando, entendí que mi amigo tenía razón. Y no porque una errata sea por sí misma algo imperdonable. Al contrario. Hay escritores disléxicos que cometen errores de ortografía cada tres frases y siguen siendo escritores excelentes. Si en un manuscrito hay una errata en la primera página, significa que el autor lo ha releído pocas veces y, seguramente, no se lo haya dejado leer a un amigo. Y entonces el imbécil no es quien lo descarta sin pasar de la página uno: es el autor, que le hace perder el tiempo a un editor cargado de trabajo, con un texto que ni siquiera ha sido leído por alguien de su entorno.[74] Imbécil o tal vez ingenuo: siempre hay que conceder el beneficio de la duda (y siempre se espera que haya más ingenuos que imbéciles). Pero como en las artes la excelencia es el estándar, poco cambia una vez que el manuscrito ha sido enviado a una editorial. Cuando se llega a realizar ese gesto de extrema soberbia que es el envío de un manuscrito, está claro que tiene que haber sido revisado tantas veces que, al menos a los ojos del autor, parezca perfecto, inmejorable. Si no es así, habrá que leerlo y releerlo.

Varias veces y con otra actitud. Cuando releas, intenta ponerte en la piel de un autor que aprecias mucho. O en la de alguien a quien no le gustas. Mejor aún: en la piel de un autor que aprecias mucho, imaginando que tú no le gustas. Mira si consigues no avergonzarte de lo que has escrito y, si te avergüenzas, actúa en consecuencia. En los tiempos de la revista en la que me formé, a veces nos esforzábamos por imaginar qué habría pensado Borges de nuestros cuentos –y si estaba claro que los habría considerado pueriles, sólo la idea

74. Y se puede asumir que aquella falta de cuidado se encontrará, expandida y dilatada, en todas las páginas siguientes, y en todos los niveles.

de tener que proponérselos al Maestro sin incomodarlo *demasiado*, nos llevaba a pedirle mucho más a nuestra escritura.

¿Y cuántas veces tengo que revisar el texto?

Como todo en la literatura, no hay una norma: tienes que encontrar tú solo tu propia medida. Cuantas más veces, mejor. Aunque no siempre sea cierto, porque existe un (más bien misterioso, si se tiene en cuenta que cambia en cada texto) «punto de ruptura», más allá del cual un texto ya no se puede revisar más y retocarlo, en vez de mejorarlo, lo empeora. Si se da ese caso, si no funciona la corrección, es preferible reescribirlo.

Puedo contarte lo que hago yo, no para ofrecerte un modelo, sino sólo a modo de ejemplo a partir del cual empezar a reflexionar. Por lo general, releo lo que he escrito al final de cada día de trabajo o al principio del siguiente;[75] luego releo

75. En realidad, en los últimos años he dejado de hacerlo. Antes consideraba acabado el trabajo de una jornada cuando había alcanzado el mínimo diario de cinco mil caracteres que suelo asignarme y *los había releído*. Con la experiencia, primero empecé a releer al principio de la siguiente sesión, y luego acabé por sentirme mejor si lo soltaba todo sin leerlo de nuevo, así el texto era más tosco, pero también más dúctil

los capítulos a medida que los acabo; y, finalmente, vuelvo a leer los bloques narrativos. Cuando el libro está acabado, lo leo todo en pantalla, dos veces: la primera, de principio a fin; y la segunda, del final hacia el inicio (la lectura en orden inverso es importante, no sólo porque releer cansa y, por tanto, se tiende a ser mucho más severo al principio y tolerante hacia el final, sino también porque, más allá de la calidad de un texto, a medida que lo lees, el oído se acostumbra a él y las correcciones son cada vez menores). Y entonces espero. Si puedo permitírmelo, espero incluso un par de meses, para distanciarme del texto y poder observarlo de manera más objetiva.[76] Pero, cuidado, no cometas el error opuesto: un texto que no se mueve durante demasiado tiempo tiende a coagularse y se vuelve más difícil de intervenir, porque mientras tanto también ha cambiado nuestra relación con esas páginas, y hasta nuestra escritura. Lo peor es inmovilizar un texto inacabado du-

---

y manipulable, y lo revisaba posteriormente. No releía los capítulos, sino sólo los bloques narrativos. Es cuestión de experiencia, imagino. Pero ante la duda, al principio, casi siempre es mejor una revisión más que una menos.

76. Y también para aburrirme menos al releerlo, porque algunas partes las habré olvidado.

rante un tiempo excesivo, porque en esos casos, tal vez ya lo hayas experimentado, volver a empezar es muy difícil, como lo será también reciclarlo. De modo que lo mejor es reescribirlo desde el principio.

Tras esta interrupción, imprimo y leo en papel. Transcribo las correcciones, vuelvo a imprimir y a leer en orden inverso. Luego imprimo de nuevo y leo en voz alta. Leer en voz alta es agotador pero importante, empecé a hacerlo cuando leí que Flaubert lo hacía. No es sólo por el hecho, obvio, de que te permite perfeccionar los diálogos (y para muchos autores los diálogos son lo más difícil de escribir, porque tienen que resultar creíbles): cuando lees en voz alta, tu mente se relaciona de manera distinta con el texto, ves cosas distintas, detectas erratas distintas, y en general haces un trabajo de revisión distinto.[77] Después de estas revisiones, que según los mejores cálculos son ocho[78] (pero pueden ser también diez o cin-

77. También la relectura en papel es diferente de la lectura en pantalla, por los mismos motivos: la página-flujo del procesador de textos es distinta de la página circunscrita del folio A4. Y en todo caso, menos de cuanto lo es la relectura en voz alta comparada con cualquier lectura muda.

78. No estamos diciendo aquí que ocho sean las adecuadas: si relees menos veces, tal vez sea porque eres más capaz o estás

cuenta, si sigue habiendo detalles que no cuadran), dejo leer el manuscrito a no menos de seis[79] amigos, pero, cuidado: no a todos a la vez. Primero se lo entrego a tres, luego introduzco sus anotaciones, y se lo entrego a otros tres. Porque seguramente habrá imperfecciones más obvias que todos detectarán: para ellas basta con los primeros tres, los tres siguientes podrán dedicar su atención a los elementos más sutiles.[80]

Después de todo esto, será el turno del editor,

---

más atento, o porque se trate de un texto en el que te has encontrado particularmente cómodo. Si relees más veces, tal vez seas menos experto o más perfeccionista, o se trate de un texto con dificultades intrínsecas y particulares. Lo cierto es que ocho revisiones constituyen un buen parámetro *mínimo*, porque lo ha sido para mí y para varios colegas cuyo método de trabajo conozco: en algunos casos, serán menos y casi siempre serán más.

79. Vale lo dicho en la nota anterior: si prefieres que lo lean sólo cuatro o cinco personas, o siete u ocho para estar más seguro, hazlo así. Lo que podemos estimar con la sola autoridad de la experiencia es que dos o tres probablemente sean pocas, mientras más de ocho tienden a ser demasiadas, porque recibirías muchas anotaciones similares y alargarás excesivamente esta fase.

80. Me doy cuenta, durante la revisión de *este mismo libro*, que en los últimos tiempos he escalonado aún más el proceso y ahora sigo el esquema 2-2-2.

quien advertirá todavía más problemas, luego lo hará el corrector ortotipográfico, a quien le seguirá la revisión de galeradas, antes de ir a imprenta. Suman dieciocho revisiones y, puedes estar seguro de ello, igualmente habrá erratas. Pero no en la primera página.

Y esto, de hecho, nos lleva a la quinta cosa que no hay que hacer.

7

Quinta cosa que no hay que hacer: no confrontarse

En los cursos de escritura creativa, una constante que no deja de sorprenderme es lo poco que los aspirantes a escritores han dejado leer sus textos a otras personas. Casi siempre el grupo incluye a alguien que, cándidamente, admite que no se los deja leer a nadie –a veces hasta con orgullo, como si eso fuera una virtud.

Las razones para semejante opción pueden ser válidas en apariencia –pudor, contenido muy personal de los textos, voluntad de llegar a producir algo decente antes de enseñárselo a quien sea–, pero sigue siendo una decisión equivocada. A menos que no se escriba, de verdad, para uno mismo.[81] Es una decisión equivocada porque confron-

81. Y nadie lo hace.

tarse con otros es parte del proceso de revisión (como te he dicho, yo mismo, cuando termino un libro, se lo dejo leer al menos a seis personas); pero renunciar a este tipo de revisión sólo es una parte del error.

Porque, a excepción de casos rarísimos, una escritora o un escritor se desarrollan a través de la confrontación. «Confrontación» no significa solamente dejarse leer por nuestros pares, sino también colaborar en revistas (o mejor aún: fundarlas), organizar lecturas y eventos, en fin, intentar acceder al campo literario –o crearlo cuando no es de tan fácil acceso.

El error típico del debutante es dejarse leer por los que no son sus «pares»: la novia o el marido, los amigos más queridos, la madre o los hijos. Pese a que sea una buena idea incluir al menos a un no-escritor entre los lectores –quienes solamente leen en el texto cosas distintas de quienes también escriben–, los íntimos no son buenos revisores, porque su cercanía con el autor hace que su juicio esté viciado por el cariño y, también, porque a menudo carecen de las competencias para la labor.

Pero cuidado con la búsqueda de las competencias: el otro error, igualmente típico, del debutante, es intentar encasquetarle su manuscrito al Autor

Conocido, interceptándolo en una presentación, en una feria del libro o a través de conocidos.

Más allá del hecho de que el Autor Conocido, un escritor profesional, ya tiene que dedicar por su trabajo mucho tiempo a la lectura de libros y, por tanto, en general, no dispone de tiempo extra para leer manuscritos,[82] es seguro que *jamás* tendrá tiempo para ofrecer una opinión estructurada sobre el texto de un desconocido. La clásica fórmula «me gustaría mucho saber qué opina usted» equivale a un insulto, porque leer con atención un manuscrito y escribir un informe de valoración es un trabajazo que requiere tiempo y atención, además de competencias específicas y, por tanto, pedirle a un profesional que lo haga gratuitamente es impensable, sería como pedirle a un mecánico que nos arregle el coche gratis. Para los informes están las agencias literarias que, de hecho, por hacer trabajar a un profesional durante varias horas, cobran.

Y llegamos así a la verdad: las personas apropiadas para que revisen tus textos son, precisamente, tus pares. Los que están a tu nivel, si no de

82. Es más, se sentirá constantemente disgustado, porque no tiene tiempo de leer todos los libros que quisiera, entre los que se publican cada año, muchos de los cuales escritos por amigos y colegas que aprecia.

habilidad, sí de experiencia y de desarrollo con respecto al campo literario y editorial. Sólo ellos tendrán ganas de leer tu manuscrito con la atención, el cuidado y la voluntad crítica que necesitas. ¿Y sabes por qué? Por una razón muy simple: porque tú, a modo de intercambio, podrás hacer lo mismo.

¿Y dónde los encuentro, a mis pares?

Esta pregunta no tendrías ni que planteármela. Antes de internet la lógica era distinta, y de hecho era habitual que los aspirantes a escritores se trasladaran a una gran ciudad, justamente para encontrar un «círculo», antes de encontrar a un editor; ahora todo ha cambiado. Aunque no consigas colaborar enseguida con una revista –y es posible que así sea, porque tal vez todavía no hayas escrito buenos textos o lo suficientemente redondos como para que los tomen en consideración–, en la proliferación actual de foros, páginas web y grupos en Facebook encontrar un puñado de «pares», a quienes proponer lecturas mutuas, es sólo cuestión de ponerse delante del ordenador y hacerlo.[83]

83. Pero atención al riesgo de caer en la *fellatio* mutua, típica de las plataformas de autoedición donde se intercambian re-

Dejar leer tu texto plantea una cuestión:[84] asumiendo de antemano que es útil de por sí, porque antes de presentarlo lo leerás una vez más y con más cuidado, ¿cómo hay que encarar las observaciones, las críticas y las propuestas de modificaciones? Neil Gaiman escribía que cuando dejas leer un texto a alguien y éste propone cambios, en general las propuestas son equivocadas, pero señalan que realmente hay un problema. Es un buen parámetro de partida. Hay que estar abiertos a las críticas, pero también confiar en el texto: conozco a autores que han arruinado un buen texto sólo porque han intentado corregirlo siguiendo las observaciones de la carta de rechazo escrita

---

señas de cinco estrellas de manera mecánica, o de algunos grupos en Facebook, compuestos por aspirantes a autores, que se parecen más a grupos de autoayuda que a los espacios de confrontación que tendrían que ser: lo que tienes que pedir y ofrecer es severidad, porque sólo un análisis severo es útil para mejorar un texto. Y lo que, en sentido más amplio, tienes que buscar, es un pedacito de «sociedad literaria», por muy minúsculo que sea, jamás un grupo de terapia.

84. No, no es el riesgo de que te lo roben. Esta creencia, difundida entre los aspirantes menos razonables, es –ni más ni menos– una leyenda urbana, por el simple hecho de que cualquier editor estaría muy feliz de publicar a un autor nuevo, que le saldrá más barato que los ya conocidos.

por alguien de la editorial a la que lo habían enviado.[85]

A veces, cuando una novela (o un volumen de cuentos, o un libro de no ficción) está en fase de trabajo, puedes tener ganas de comentarlo. Suele ser una buena idea. Inténtalo y verás que cada vez que le explicas a alguien una novela que aún no has escrito, o que has escrito a medias, te descubrirás añadiendo elementos, detalles, a veces hasta giros narrativos: esto ocurre porque, cuando narra, la mente trabaja de forma distinta que cuando piensa o escribe.

Una cuestión más espinosa es leer en público fragmentos de un texto en el que aún estás trabajando. A veces lo he hecho: al tratarse de una exhibición, tiende a producir una revisión más,

85. En realidad, si un editor considera que los problemas *se pueden solucionar*, acepta el libro y lo trabaja con el autor. Si lo rechaza y aduce ciertos argumentos, simplemente es muy amable. Pero no tienes que aceptar aquellas palabras como la verdad absoluta, porque sólo se trata de *algunos* de los aspectos que al editor no le han gustado –decirlos todos hubiera sido un trabajo equivalente a editar realmente el texto, y por tanto inviable. Tienes que escuchar al editor *cuando estás trabajando con él*, es decir, cuando ya ha decidido publicar tu libro.

lo que no hace ningún daño,[86] además puede ser alentador recibir reacciones positivas al texto por parte de un público. No obstante, podría no ser una buena idea, porque de alguna forma «saca» aquel fragmento del borrador y al autor, del flujo.

Walter Benjamin desaconsejaba hacerlo. Sostenía que las pequeñas gratificaciones no compensan una disminución de la cadencia de escritura, y añadía que cada renuncia a una lectura pública, al tiempo que incrementa el deseo de comunicar lo que se está escribiendo, acaba por transformarse en un estímulo para llegar hasta el fondo. Y llegar hasta el fondo es importante. ¿Se trata de otra banalidad? Tal vez. O tal vez no, a juzgar por todos los textos a medias que languidecen en los cajones y las carpetas. Llega hasta el fondo. Acaba, a toda costa. Aunque haya cosas que no cuadren. Incluso si dudas sobre si has producido un montón de porquería. Después, siempre tendrás ocasión de cambiarlo todo,[87] pero si pierdes lo que te permite terminar, no mucho tiempo después el borrador dejado a medias se

86. Pero puede hacerlo, acelerando la coagulación de aquel fragmento con respecto al resto.

87. O, en la peor de las hipótesis, de volver a empezar.

transformará en un cadáver calcificado, ocupará tu estudio y tu mente, será una carcasa que difícilmente podrás convertir en algo bueno, a menos que la abandones: sin duda no será algo adecuado para la exhibición.

8

Exhibición (y publicación)

Hace unos quince años parecía que internet lo democratizaría todo. Ahora sabemos que no es cierto. Sin embargo, en términos de acceso al mundo editorial sí ha sido democrático, o al menos lo fue durante un tiempo: en la edad de oro de los blogs, cuando todos los focos se centraban en los blogueros, si tenías uno muy frecuentado podías conseguir un contrato con un buen editor. Ahora que los contenidos se publican como post en las redes sociales, el blog ya no tiene la fuerza de antes. No obstante, crear un espacio en línea para exponer tus textos sigue siendo una buena idea. No te llevará a la publicación, pero será un primer lugar donde hacer públicos tus escritos, releerlos para la futura publicación, encontrar una confrontación, desarrollar los necesarios planes B, C o D. Te estoy hablando de algo sencillo, obviamente: pon sólo los textos desnudos. Desde allí estaría bien que pasaras a un blog colectivo, es decir, a una revista, para multiplicar tu público. Unirse a una revista es útil porque permite la confrontación con un primer filtro editorial, que es además un filtro desinteresado. Cuando se propone un libro a un editor, éste valorará tanto la calidad como sus posibilidades comerciales.[88] Cuando, en cambio, se proponen textos a revistas literarias, casi todas empresas sin ánimo de lucro, hechas por apasionados que aman a la literatura, sus redactores los evalúan sólo por su calidad. Y confrontarse con un filtro así es un buen entreno para cuando tengas que enfrentarte al del mundo editorial. Pero sobre todo, publicar en una revista te permitirá poner tus textos y tu nombre en circulación, lo que puede acelerar la futura publicación de un libro tuyo.

88. Esto no significa que los editores sólo busquen textos comerciales: existen varias franjas de lectores, y una de ellas es la de los lectores de literatura. Un texto literario óptimo tal vez no acabe nunca en un supermercado, pero podrá vender unos millares de copias entre los lectores más exigentes, o convertirse con el tiempo en un *longseller*, cuando la calidad del autor se haya conocido entre un público más amplio.

¡Ah, la publicación! ¡Por fin!

Ya llegamos. Me contaba un colega[89] que una vez en que estaba dando una clase de escritura a un grupo particularmente desatento, cuando dijo «y ahora hablaremos de cómo publicar», todos se despertaron como activados por una descarga eléctrica, los móviles fueron sustituidos por libretas y los ojos medio abiertos se transformaron en faros.

El aspirante a escritor piensa ante todo en la publicación. De por sí no es algo malo –se supone que uno escribe para ser leído y la mejor forma de conseguirlo es que un editor de verdad publique el libro y éste llegue a las librerías–;[90] pero se convierte en algo malo cuando esta perspectiva eclipsa todo lo demás. No solamente porque puede llevar a subestimar la cantidad de trabajo necesaria para llegar a producir un texto digno de publicación (y aquí toca invitarte, por enésima vez, a volver al capítulo uno y al capítulo dos, y también

89. Matteo B. Bianchi, docente de escritura creativa con una larga trayectoria, que también dirigió el espacio «Laboratorio esordienti» [Laboratorio debutantes] en la revista *Linus*, por donde pasaron diversos autores que luego llegaron a las librerías.

90. También es cierto que la publicación es la forma final de la exhibición, con todo lo que puede significar en términos de crecimiento del autor.

al seis), sino también porque el afán por publicar puede llevar al aspirante a autor a cometer errores que pueden ser, si no fatales, al menos dañinos para la realización de sus ambiciones.

Podría acabar en las manos de los EDP, los tristemente célebres Editores De Pago, que engatusan a aspirantes a escritores,[91] especulando con su inexperiencia y vanidad,[92] pidiéndoles una «contribución» para la publicación o la compra de cierto número de ejemplares, a menudo dorándoles la píldora con comentarios falsos sobre la calidad del libro[93] o lamentando «las difíciles condiciones del sistema editorial». O podría caer en la tentación de la autopublicación y acabar atormentando a parientes y amigos con su novela autopublicada, como quien se une a una estructura piramidal dedicada a la venta al detalle de productos de fitoterapia.

91. Para profundizar en el tema se puede leer *Editori a perdere. Viaggio di una giovane scrittrice tra editori a pagamento e non*, de Miriam Bendìa (Stampa Alternativa, 2001) o el blog *Scrittori in causa*, editado por Carolina Cutolo, que ya no está activo, pero se puede consultar.
92. En el mundo anglosajón se les llama *vanity press*.
93. En algunos casos hasta organizando concursos falsos en los cuales *todos* los participantes ganan, y a todos se les propone un *conveniente* contrato de publicación...

¿Qué dices? ¡La autoedición es honesta! Y he leído que Tal vendió miles de copias con un libro autoeditado...

Seguramente la autoedición sea una opción más limpia y conveniente que el fraude de la edición de pago. Pero en términos de acceso al oficio literario, las posibilidades que ofrece son más o menos las mismas. Es verdad que hay plataformas –y géneros– donde puede tener sentido: si escribes *fan fiction*, Wattpad es una elección correcta; si has escrito un manual específico destinado a expertos de un sector determinado, tiene sentido publicarlo como libro electrónico en Amazon; si has escrito tus memorias para tus hijos y tus nietos, el *print on demand* a través de Lulu o servicios similares es la elección más natural. En algunos casos puede funcionar hasta para un poeta, porque el mercado de la poesía es tan minúsculo que a menudo incluso poetas conocidos publican pagando, de modo que es preferible la autoedición.[94]

94. O, mejor aún, la autoproducción, que parece similar a la autoedición pero no lo es, porque hace referencia a circuitos contraculturales específicos, frecuentados por lectores, y no a los macroguetos onanistas típicos de las plataformas de autoedición.

Pero si quieres ser escritora o escritor –formar parte de ese oficio–, o incluso sólo publicar un libro que llegue a los circuitos literarios reales, la autoedición no es una buena idea. Porque publicar un libro no quiere decir sólo imprimir la tinta en el papel o el nombre en la portada. Publicar un libro quiere decir también editar, corregir las galeradas, diseñar una portada y un paratexto, llegar a las librerías (idealmente a todas o casi todas las librerías de tu país), enviar copias a críticos y periodistas, participar en ferias del libro y festivales, presentarse (o al menos poder presentarse) a premios, recibir ofertas para la venta de derechos –hacer que el libro viva. A veces, mientras se escribe, se piensa que la vida de lo que estamos escribiendo culmina en la publicación. La realidad es opuesta. La publicación marca *el comienzo* de la vida de un libro.[95]

Por eso no solamente es mala idea publicar pagando o autopublicar, sino también confiar en editoriales que, tal vez ostentando en su página web un enorme PUBLICA GRATIS TU LIBRO, publi-

95. El hecho de que a veces aquella vida sea brevísima es otro discurso, que tiene que ver con los mecanismos de distribución y con las deformaciones que han provocado en la industria editorial.

can sí gratis, pero sin una edición real, sin trabajo gráfico, sin lanzamiento y sobre todo sin distribución. Imprimen cien o doscientas copias, distribuyen un puñado en las librerías de su zona –si hay suerte– y sacan beneficio de la cantidad desproporcionada de obras de su catálogo, aprovechándose de que cada uno de sus mil autores venderá unas decenas de ejemplares a amigos y parientes. Un modelo de negocio provocado por la reducción de costes que ha propiciado la impresión digital. No es casualidad que sus catálogos incluyan centenares y centenares de obras de las cuales, naturalmente, nunca has oído hablar. También en este caso, aunque con menor desfachatez con respecto a la publicación de pago, nos encontramos ante una pseudo-editorial, que no quiere vender libros a lectores sino aprovecharse del deseo que tantos sufren de *sentirse escritores*.

También existe quien acaba pagando por publicar, o autoeditándose, o sometiéndose a otras formas de pseudoedición, sólo por la prisa de sacar algo, porque piensa que así será más fácil atraer la atención de un verdadero editor.

Falso: lo único que se comunica así son las prisas, o la condición de ser presuntuoso o ingenuo por caer en semejantes tentaciones, y esto no aumentará, sino reducirá, las posibilidades de alcanzar el interés de un editor.[96] Si actúas del modo inverso, si utilizas esa misma energía para escribir cuentos, prosas o textos críticos para revistas, no sólo sí podrá subir tu cotización, sino también te permitirá captar el interés de un editor *incluso antes de que tengas un libro terminado*. Porque, lejos de la opinión popular que los presenta como sordos a cualquier llamada, los editores pasan mucho de su tiempo haciendo *scouting*, es decir: buscando autores.

¿Y dónde los buscan?

En las páginas de las revistas literarias, precisamente.[97]

96. Por una serie de razones exclusivamente comerciales, además, un debutante absoluto es infinitamente más apetecible que uno que ya ha publicado varios libritos con editores falsos o en autoedición.

97. Los editores de las grandes editoriales, además de bucear en las revistas, pescan a los autores entre los que ya han publicado un libro con una pequeña o mediana editorial, y han obtenido buenos resultados críticos o de público.

¿Me estás diciendo que todos los autores que has publicado en la colección que diriges los has encontrado en revistas?

No a todos, pero sí a muchos. Naturalmente, el envío de manuscritos, a pesar de que yo lea todo lo que llega a la editorial,[98] no es la fuente principal. Teniendo en cuenta que una sola colección y un solo editor son un ejemplo y no una muestra representativa, es un hecho que, entre todos los debutantes publicados en estos años, sólo el primero –*Dettato*, de Sergio Peter– lo encontramos en el grueso de manuscritos. A Iacopo Barison, el segundo, lo conocí a través del difunto MySpace, donde tenía un blog: escribía bien y lo animé a escribir una novela, así nació *Stalin+*

98. Aunque cada vez más es tiempo perdido (en general, los aspirantes válidos primero se preocupan por entender cómo funciona el campo editorial, y se hacen visibles escribiendo en revistas, organizando tertulias y eventos, o en cualquier caso accediendo a la «sociedad literaria»; y esto hace que el grueso de lo que se envía esté compuesto por materiales impublicables), lo vivo como un deber moral, al haber sido yo mismo uno que enviaba manuscritos, exasperado por los golpes contra el proverbial muro de goma, en aquel periodo vacío entre la victoria de mi primer concurso y mi debut efectivo dos años más tarde, y luego durante un año más, antes de publicar con una gran editorial.

Bianca.[99] También el libro de Francesca Matteoni, *Tutti gli altri*, tiene una historia parecida: la autora había escrito prosas muy logradas para la revista *Nazione Indiana*, así que le pedí si podía transformarlas en una novela. Lo mismo ocurrió con Luca Bernardi, autor de *Medusa*: había notado su talento en unos textos publicados en la revista *Collettivomensa*, y lo invité a intentar escribir una novela. También en aquel par de casos en que los aspirantes a autores y sus libros me habían sido señalados por colegas –Luciano Funetta, con *Dalle Rovine,* y Giorgio Biferali, con *L'amore a vent'anni*–, éstos los habían descubierto por su actividad en revistas literarias. Luego hay tres debutantes que no llegan de revistas sino de premios por libros inéditos: *A pietre rovesciate*, de Mauro Tetti, ganador del Premio Gramsci; *Mescolo tutto*, de Yasmin Incretolli, mención especial del Premio Calvino; y *Talib, o la curiosità* de Bruno Tosatti, también finalista del Calvino (y con esto ya he dicho todo lo nece-

99. Esta puede parecer una excepción, pero no lo es: de hecho, el *scouting* a menudo se configura más como búsqueda de autores –o, si queremos, de «voces»– que de libros ya acabados. Y esto nos lleva de vuelta a la importancia de la exhibición.

sario sobre el tema de los concursos, porque los que he citado son los únicos[100] que tienen un impacto real sobre el destino de un texto).[101] Finalmente, *Lo Scuru*, de Orazio Labbate, me llegó a través de una agencia, es más, de dos. La primera vez lo descarté, luego el manuscrito volvió, mejorado, a través de un segundo agente y decidí publicarlo.

¡Los agentes! ¡Ya sabía yo que un agente es necesario!

¿Me escuchas? Te acabo de decir que de todos los debutantes que publiqué sólo uno me llegó por una agencia, y al primer envío lo había descartado.

100. El Calvino mucho más que el Gramsci, en verdad. Si tienes una novela acabada, presentarte al Premio Calvino siempre es una buena idea. Quien lo gana, en general publica. Y también quien llega a la final o recibe una mención entra en el radar de las editoriales. Además, si te presentas, recibirás un informe de lectura parecido al que redactan las agencias literarias, eso está muy bien.
101. Además del Premio Neri Pozza, que premia directamente con la publicación (obviamente, con la editorial Neri Pozza).

Pero un agente es útil, ¿no?

Seguramente es útil *después*, cuando hayas encontrado a un editor, porque sellar un contrato bajo la tutela de una agencia literaria te permitirá negociar condiciones más favorables y un adelanto más elevado. Por lo que concierne la búsqueda de un editor, en cambio, que te represente un agente no es imprescindible, aunque es cierto que está creciendo la relevancia de las agencias en la selección editorial. Hasta hace relativamente poco, en Italia, las agencias se ocupaban casi exclusivamente de negociar los contratos con los editores, gestionar los derechos y mantener la contabilidad general, por tanto eran útiles sólo para quien ya tenía un editor; pero las cosas están cambiando. Todavía no estamos al nivel de los países anglosajones, en los que la preocupación principal del aspirante a escritor es encontrar un agente, dado que los editores consideran sólo propuestas de agencias, pero con el incremento de los aspirantes el rol de las agencias también está destinado a ganar importancia.[102]

102. ¿Y cuánto me cuesta? Una agencia literaria, si es honesta, pide al autor sólo un porcentaje de sus ingresos, ya sean adelantos, *royalties* o derechos secundarios. En general, este porcentaje es del 10 o del 15%. Es distinto el caso de los in-

Aunque consigas que una agencia te represente, no creas que esto significa encontrar un editor para tu manuscrito. Difícilmente el *scouting* pasa por los manuscritos, por la sencilla razón de que quien escribe en serio consigue darse a conocer antes de enviar un texto. Sobre este asunto lo dijo ya todo Umberto Eco hace unos veinte años, en una «carta a un aspirante a escritor» reelaborada a partir de un prólogo a un panfleto de Fabio Mauri:[103]

> Un buen editor está ansioso por descubrir nuevos talentos, pero va a buscar el talento allí donde se forma, como ocurre en el deporte, y es raro que alguien llegue a ser contratado como delantero del Juventus si no ha sido descubierto y apreciado mientras jugaba en un equipo de segunda división, y antes en uno de tercera, y antes en el equipo del polideportivo local o del colegio salesiano. La vida literaria, al menos desde los tiempos de Catulo, está

formes de lectura, que se pagan, o de las agencias que ofrecen también un servicio de edición y trabajo con el texto, pero son actividades distintas de la representación, para conseguir ésta el autor tiene que hacer exactamente lo mismo que haría con el editor: proponer un texto.

103. Fabio Mauri, *I 21 modi di non pubblicare un libro* [Las 21 maneras de no publicar un libro], Bolonia, Il Mulino, 1990.

> hecha de grupos, de personas incluso muy jóvenes que se encuentran y se intercambian sus textos, los publican en una pequeña revista, luego en una más conocida y pasan, por así decirlo, una primera selección por parte de sus pares. Y es allí que el editor va a buscar a las personalidades interesantes. Es muy cierto que puede existir también el genio desconocido que vive en un pueblo aislado del resto del mundo, pero toda «actividad creativa» suele desarrollarse entre los demás, y de esta forma se enfrentan los primeros juicios, se aprende. [...] Esa convicción de los editores, que es mejor buscar a los futuros campeones en el gimnasio, es justa y funciona la mayoría de las veces. Por eso, a los jóvenes que me preguntan cómo conseguir que el gran editor lea su manuscrito, les digo que no quemen las etapas y empiecen a darse a conocer entre los que, como ellos, escriben y publican lentamente sus primeros textos.

Después de tantas advertencias, un aliciente: recuerda que hoy se publica en exceso, por tanto, un libro que esté bien, escrito por un autor que ya ha destacado en las páginas de las revistas, acabará por *salir*.[104]

104. Lo difícil es, más bien, publicar la segunda novela, si la primera no se ha impuesto con suficiente vigor.

Es un hecho. Alguna editorial podrá dejarlo escapar, es más, casi seguramente lo hará, pero cada editorial actúa como una red llena de agujeros, por debajo de la editorial anterior: individualmente se dejan escapar muchos libros, pero es casi imposible que, en el conjunto, se pierdan algo realmente bueno. Como Guido Morselli, que no publicó nada en vida, sólo ha habido uno: esperemos que jamás haya otro, porque si fueras tú, habrías tenido realmente mala suerte.

Eh, pero hay grandes editoriales que publican a Tal que no es bueno.

Cierto. Pero Tal vende. O es famoso. O por una vez se han equivocado: puede pasar. Y también publican también a Cual. Que no vende mucho y tampoco es famoso. ¿Por qué? Piensa un poco: porque es bueno.

Un sencillo consejo antes de criticar el catálogo de cualquier editorial: no compararse con los peores del catálogo,[105] ni tampoco con los que es-

105. Además, los peores del catálogo, en general, son personas famosas en campos distintos del de la literatura, la editorial les ha publicado el libro para vendérselo a los fans, sus libros están dirigidos a un sector de mercado diferente (y, por tanto,

tán en un nivel intermedio, sino con los mejores. ¿De verdad te crees mejor que Pynchon o Roth? ¿De Oates o Vollmann? ¿De Oz o Knausgård? ¿No? Entonces me temo que no estás sufriendo ninguna injusticia. Mejor piensa en leer y en escribir. Cuando hayas escrito bastantes textos y bastante buenos, será legítimo pensar en debutar, también en editoriales pequeñas o medianas, siempre y cuando sean serias.[106]

Eh, pero aquel tipo debutó directamente con aquella gran editorial, el otro con aquella otra...

A veces pasa. Pero:

1. Aquellos dos tipos son las excepciones. Si lees las biografías completas de los escritores, la gran mayoría ha recorrido el mismo itinerario: revistas, pequeña o media editorial, gran editorial, y no siempre de forma

---

es algo de lo que no tienes que preocuparte, y menos indignarte).

106. Por «serias» –y habría podido escribir «reales»– se entienden las editoriales que, además de no pedir contribuciones a los autores, editan, cuidan los paratextos, distribuyen los libros en librerías, envían copias a la prensa, participan en ferias y festivales, pagan derechos de autor y adelantos.

tan lineal. También hay quien habrá publicado varios libros con pequeños editores, quien militó durante años en revistas antes de publicar algo, quien pasó de una pequeña a una mediana antes de llegar a la gran editorial; también habrá quien llegó a una grande, pero no vendió lo suficiente y volvió a una mediana o a una pequeña, y sólo después de un tiempo en el purgatorio regresó al mercado; y hay grandes escritores que por la naturaleza de sus textos nunca llegarán al mercado masivo (o no tienen ningún interés en alcanzarlo) y desarrollan carreras excelentes con editoriales pequeñas o medianas.

2. Si miras bien la biografía de Tal, también de aquel par de tipos que debutaron con una gran editorial y vendieron un millón de copias a la primera, descubrirás que ellos también escribieron, antes, en una revista.

¿Y en qué revistas tengo que escribir?

Si se tiene en cuenta que una revista también puedes fundarla tú junto a un par de amigos, esta pregunta no es correcta –es más, si se tiene en cuenta de que estamos al final del libro, hasta me duele que la formules–, porque si quieres escribir en serio deberías ya conocer al dedillo todas las revistas que existen.[107] Mientras estoy escribiendo, se me ocurren éstas (no separo las de papel de las digitales, hoy en día la distinción no tiene sentido):[108] *Letras Libres, Jot Down Cultural Magazine, Revista de Letras, Quimera, Mercurio, Granta en español, Zenda, Revista Clarín, Otra Parte, La Vaca Multicolor, Pliego Suelto, Frontera Digital, Gatopardo, El Malpensante, Revista Arcadia, Altaïr Magazine, 5W, Revista Late...* No son más que una muestra, el campo de las revistas es por naturaleza mutable: algunas desaparecerán, otras están naciendo ahora mismo, otras nacerán mañana.

Este panfleto habría tenido que acabar aquí, sólo con esta frase: «Lo importante es decir que sí». Sin embargo, tenía la sensación –y también la te-

107. Por no hablar de la lectura de los suplementos culturales de los diarios.

108. La edición original incluía una larga lista de revistas italianas, que no se reproduce aquí. A quien esté interesado, le recomendaría que buscara al menos éstas, todas disponibles en versión digital: *Nazione Indiana, Le parole e le cose, Minima&Moralia, Il primo amore, La Balena Bianca, L'Indiscreto, Il Tascabile, NOT, Verde* y *L'eco del nulla.*

nía mi editor– de que faltaba algo. No lo cuento sólo para subrayar en la práctica cómo la forma final de un libro, incluso de un pequeño libro como éste, es siempre algo que se alcanza por pasos incontables e intervenciones y cambios de ruta, o para mostrar «en directo» cómo partes relevantes de un texto, como la introducción o el final, a menudo son los últimos que encuentran su forma definitiva. También lo cuento porque la mejor idea con la que cerrarlo se me ocurrió *precisamente* leyendo una revista literaria, en concreto, un artículo en el que sus redactores se dirigían a mí –haciendo referencia a intervenciones públicas en las que decía más o menos lo mismo que he escrito arriba, acerca de las revistas como viveros y gimnasios– con unas palabras elocuentes: «¿Gimnasio? ¡Y una mierda!», reivindicando la razón de ser de las revistas como tales, y hasta su rol de vanguardias. «Llamadnos *dojo*», continuaban los redactores, y creo que tenían razón. Lo importante es decir que sí a las revistas (y a todo lo que reúne a escritores en potencia) y no tanto para encontrar un lugar donde entrenar o un atajo para llegar a la edición. Lo importante es decir que sí para entrar en contacto con un círculo literario. Sólo así será posible entender de verdad qué se quiere escribir y conseguir hacerlo de la forma en que se desea, y entonces tampoco nos importará demasiado publicar: será algo que llegará por sí mismo, cuando sea el momento.

> He sido cordialmente invitado a formar parte del realismo visceral.
> Por supuesto, he aceptado.
>
> ROBERTO BOLAÑO,
> *Los detectives salvajes*

Agradecimientos

Este panfleto no existiría sin las escuelas de escritura que se han valido de mi trabajo. Les doy las gracias a todas, y en particular a la *Scuola del Libro*.